西武鉄道の沿線風景

▲武蔵野の里山を走る西武鉄道。

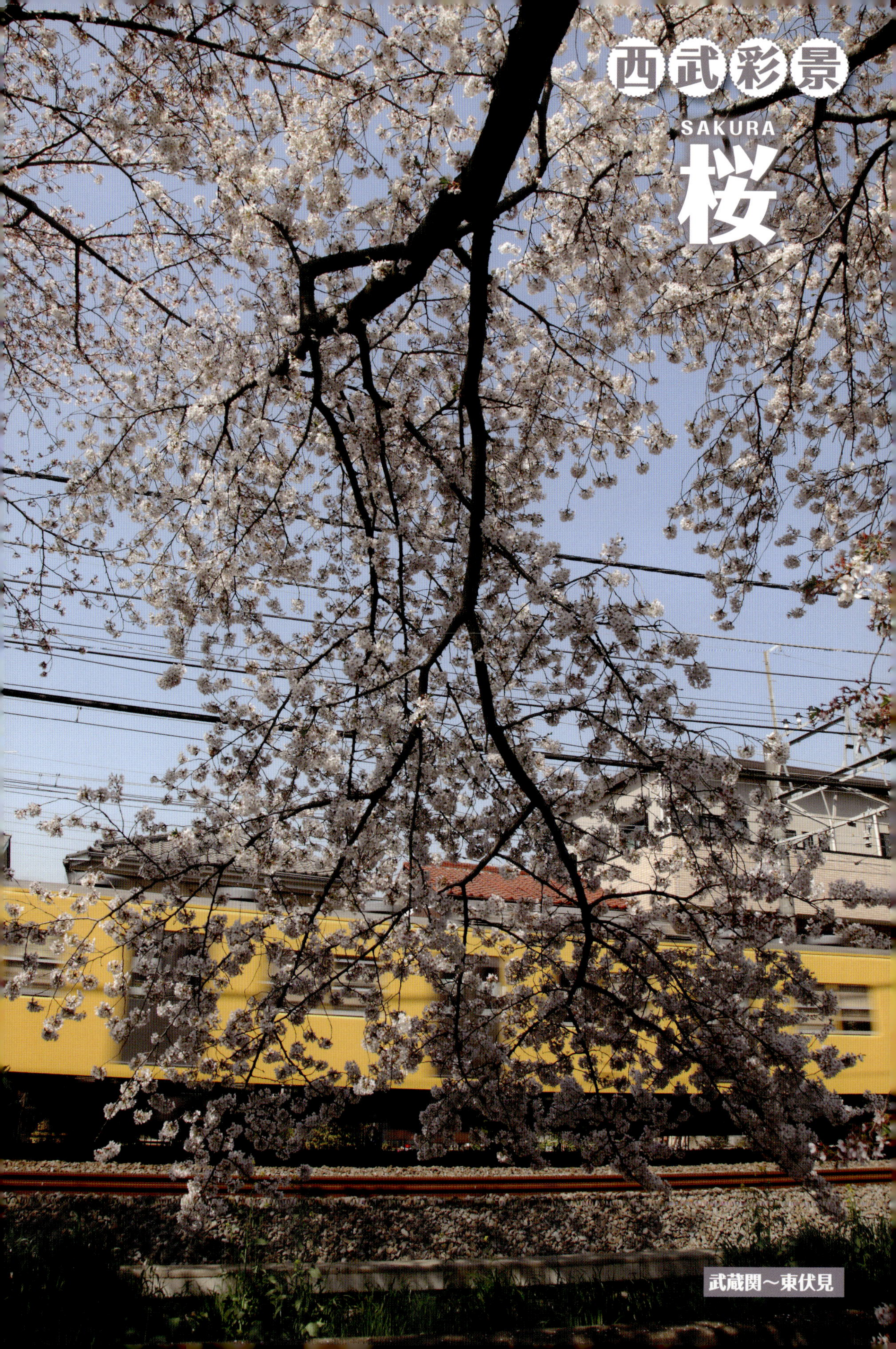
西武彩景
SAKURA
桜
武蔵関～東伏見

西武鉄道路線図

駅
複々線
複線
単線
トンネル
軌間1067㎜
JR線
私鉄路線
その他軌道
新幹線
高速・有料道路
国道
西武秩父線
池袋線
新宿線
狭山線
山口線
西武園線
多摩湖線
国分寺線
拝島線
多摩川線
豊島線
西武有楽町線
西武秩父
御花畑
秩父
横瀬
芦ヶ久保
正丸
西吾野
吾野
東吾野
武蔵横手
高麗
東飯能
飯能
元加治
仏子
入間市
稲荷山公園
武蔵藤沢
狭山ヶ丘
小手指
西所沢
所沢
狭山市
新狭山
南大塚
本川越
入曽
新所沢
航空公園
下山口
西武球場前
遊園地西
西武遊園地
武蔵大和
東村山
秋津
清瀬
東久留米
ひばりヶ丘
保谷
大泉学園
石神井公園
練馬高野台
富士見台
中村橋
練馬
桜台
江古田
東長崎
椎名町
池袋
豊島園
新桜台
小竹向原
西武立川
武蔵砂川
拝島
玉川上水
東大和市
上北台
八坂
小川
鷹の台
恋ヶ窪
国分寺
萩山
久米川
小平
青梅街道
一橋学園
花小金井
田無
西武柳沢
東伏見
武蔵関
上石神井
上井草
井荻
下井草
鷺ノ宮
都立家政
野方
沼袋
新井薬師前
中井
下落合
高田馬場
西武新宿
新小金井
武蔵境
多磨
白糸台
競艇場前
是政
東京都
埼玉県
神奈川県
0
10km
N

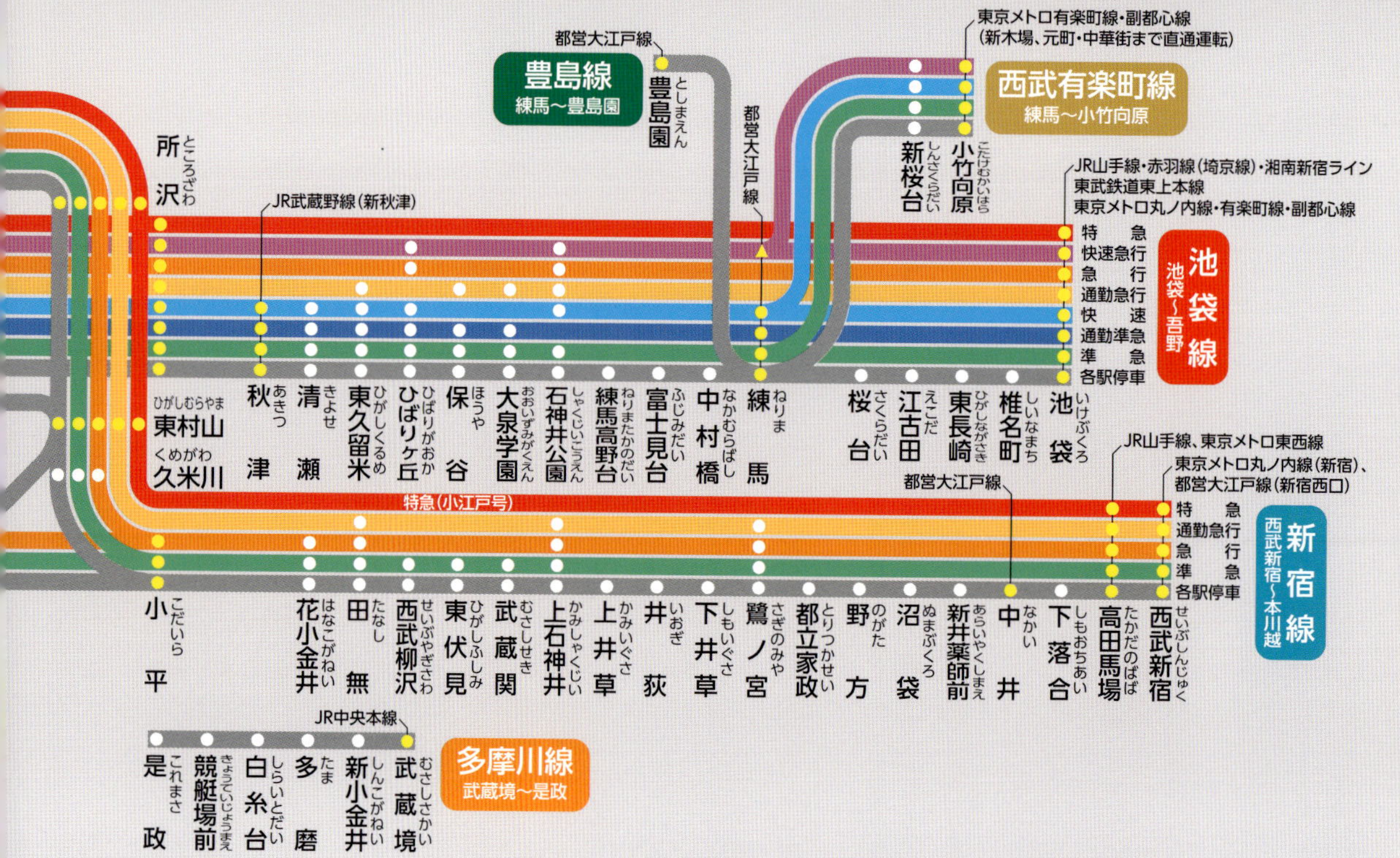

▶JR、東京メトロ、東武東上線の接続駅として、西武鉄道一の乗降客を誇る。

池袋駅

多摩湖線萩山駅

◀駅名表示板から、いかに複雑な路線構造がかがわかる。

複雑な路線構成

東京の副都心、池袋をあとに武蔵野台地を駆け抜け、遠く秩父盆地をめざす西武鉄道。

その歴史は遠く明治中期に遡る。

西武鉄道では、その前身にあたる武蔵野鉄道に始祖を求めており、同社が設立された1912年5月7日を起源としているため、2012年に100周年を祝った。しかし現在の西武鉄道の骨格を形成する池袋線については前記したとおりであるが、もうひとつの幹線である新宿線の歴史はさらに古く、その始祖は1892年8月5日に設立された川越鉄道に遡る。

西武鉄道はその特徴として多くの鉄道会社を合併して現在に至るため、その歴史は大手民鉄各社の中でも、とりわけ複雑である。

歴史については後章で詳述したい。

西武鉄道の旅客営業キロ数は176・6キロであり、その内訳を記すと次のとおりである。

池袋線(池袋～吾野)57・8キロ。西武秩父線(吾野～西武秩父)19・0キロ。西武有楽町線(練馬～小竹向原)2・6キロ。豊島線(練馬～豊島園)1・0キ

列車種別と停車駅

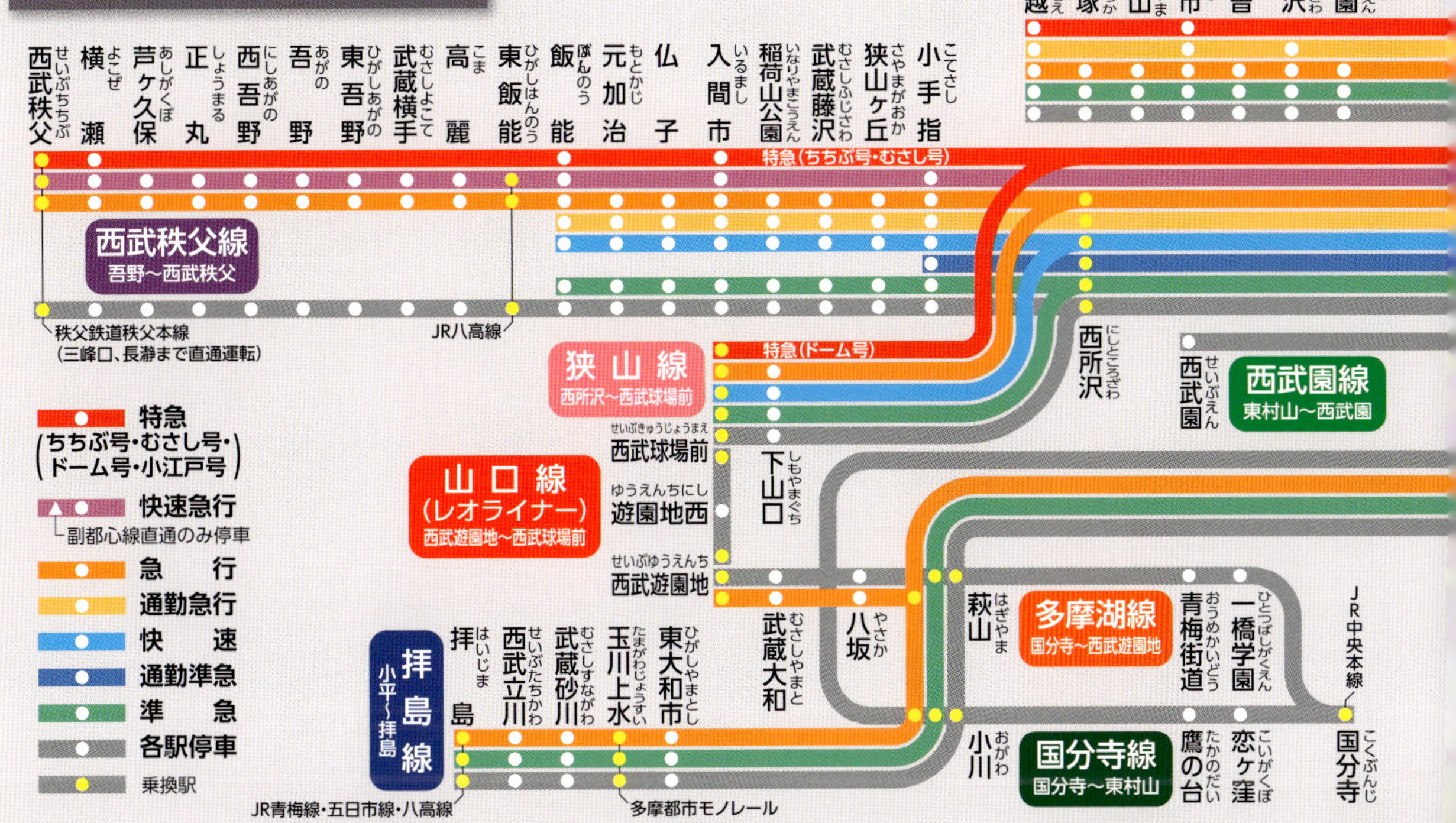

▲所沢駅付近を走る急行本川越行き20000系。

▲1927年、開業当時の西武新宿線の終着駅だった下落合駅。当時の駅は少し高田馬場寄りの氷川神社の南側に位置していた。

ロ。狭山線（西所沢〜西武球場前）4・2キロ。山口線（西武遊園地〜西武球場前）2・8キロ。新宿線（西武新宿〜本川越）47・5キロ。西武園線（東村山〜西武園）2・4キロ。国分寺線（国分寺〜東村山）7・8キロ。拝島線（小平〜拝島）14・3キロ。多摩湖線（国分寺〜西武遊園地）9・2キロ。多摩川線（武蔵境〜是政）8・0キロ。

以上が旅客営業路線であるが、このほか営業休止路線の安比奈線（南大塚〜安比奈）3・2キロがあるので保有路線長では179・8キロとなる。

大手民鉄の中でも、その路線長は長く関東では第2位、全国では第4位の長さを誇る。

前記したとおり西武鉄道の路線は池袋線、新宿線を2大幹線としており、これに多くの支線が絡むため、その路線形態はかなり複雑に入り組んでおり、わけても所沢から国分寺周辺が迷路のようである。

俗に「西武ジャンクション」といわれるエリアであり初めて乗る人には都心の地下鉄なみにわかりづらい。

これも多くの鉄道会社を合併した事に起因する現象といえよう。

さて西武沿線の特徴を記すと、まず思いあたるのが通勤通学輸送であり、

とくに高度経済成長期を象徴する沿線人口の急増、それにともなう住宅団地の増加であろう。

時代が求めた団地建設

戦後とくに昭和30年代~同40年代半ばにおける沿線人口の増加は、どの沿線についてもいえる現象であるが、西武沿線は公営の大型団地群が建ち並んだ点にその特徴がみられる。

首都圏人口の増加は、とくに戦後において城西南地域からはじまった。それを民鉄沿線で示すと京急、東急、小田急、京王の各線である。このように東京都心部を中心にして同心円状に人口が拡散したわけではない。

その理由はいくつか考えられる。ひとつは京浜工業地帯の発展にともなう労働人口の集積があり、また横浜という旧6大都市の存在も原因しよう。さらに住環境の良さも、これに加えて考えられる。中でも城南地域をその勢力圏とする東急による住宅地開発は古くから実施されており、多摩田園都市に代表される街づくりなど高級感をともない多くの人々に好評を博している。

東急の存在は別格的であり、その昔の田園調布の開発など他社にみられな

▲武甲山から産出する石灰石を原料とするセメントの輸送と沿線の観光開発を目的に建設された。

▲練馬～豊島園の1区間を結ぶ、西武一短い路線。遊園地「としまえん」へのアクセスとしておなじみである。

▶入間川を渡る6000系。手前には1915年に造られた旧入間川橋梁が残る。

い高度な都市計画で知られている。東急に次いで小田急の存在も大きく、成城などを筆頭にその沿線は高級イメージをもって人口に受け止められた事で発展した。

京王沿線は東急、小田急のように著名な高級住宅地はないが、その沿線イメージは高く、人気がある。多摩ニュータウンが建設されたエリアであり、小田急沿線に次ぐ存在といえよう。

このように東急、小田急、京王の3社沿線は住宅地として早くから着目されていた。

京急はといえば横浜以北が旧市街地であるため、戦後人口のおもな受け皿は横浜以南であり、三浦半島が湘南に属することから、これもひとつの人気エリアとして受け止められており、後章で触れるが、この三浦半島は西武沿線よりはるかに多く西武の手により宅地開発がおこなわれている。

長々と城西南地域について記したのには理由があり、首都圏における「都市化」の速度を知ることが重要な意味を有するからだ。

既述のとおり首都圏城西南郊は早くから人口が集積し、都市基盤が整備されていたため、その地価も城東、城北、城西エリアと比較して高い地域である。

▲石神井公園駅付近
複々線を走る20000系。

▶他の西武線の路線とは
孤立している路線。車体も
白と独特な雰囲気だ。

そうした経済的側面とは別に、地勢学的な面では多摩丘陵と、それに続く三浦丘陵の存在が大きく、城西南郊は比較的起伏が多い点にその特徴がある。戸建て住宅を建てるには起状の多さは時として景観上、好まれる場合も少なくない。

横浜中心部は起状が多いことで知られているが、高級住宅地の大半が丘の上に集中しており、中区山手町はその代表格である。

ひとりあたりの居住面積、つまり敷地、建物面積にゆとりがあれば起状の多さは景観的チャームポイントになりえる好例だ。

超高齢社会を迎え昨今では住宅地内の急坂が敬遠される傾向が強いといわれているが、それは一般論に過ぎない。

前記した横浜山手地区など、いわゆる高級住宅地では、住人の大半が個のモビリティー＝自家用車にその移動を頼っており、日々の暮らしに必要な食料品なども業者が配達してくれるので不便がないからだ。

こうした例はやや特別ではあるが、ここで言いたい事は不動産を考える時の価値観と、価値基準の多様性についてである。

例えばマンションは駅に近い方が一

◀西武遊園地と西武球場前を結ぶ新交通システムを採用した路線。レオライナーの愛称で親しまれている。

▶国分寺〜西武遊園地を結ぶ。多摩川線同様の白い車体の電車が走る。

▲小平〜拝島を結ぶ。新宿線田無・新宿方面に直通運転している。

▶国分寺駅〜東村山駅が基本だが、日中は本川越、夕方は新所沢へ、競輪開催日には西武園線へ直通運転される。

般に人気があるが、高級マンション（いわゆる億ション）ではこの限りではなく、むしろ立地環境が優先される。

人が自分の住居地を選択する場合、何を優先させるかであるが、住宅を供給する側にも全く同じ事がいえる。

効率よく人を住まわせる事、さらに一定の住環境を備えた住居として誕生したものが「団地」だといえよう。

高度経済成長と歩を合わせるように出現したが、そのルーツは古く関東大震災後に不燃化住宅（鉄筋コンクリート造り）として誕生した同潤会アパートに団地の起源がある。

しかし、いわゆる公営住宅として団地が次々と建てられたのは高度経済成長期を待つことになる。

この団地という住居形態は社会主義国家に多くみられる事から、日本の団地も社会主義的な産物として、またそこで暮らす人たちの文化が社会主義の温床であるかのように見る人もいるが、それは歪曲した考えに思える。

団地と社会主義とはリンケージしない。

団地をそう捉えるのならマンションだって社会主義的な産物になってしまうからだ。

団地とは単に土地の高度利用を目的

▲西武ゆうえんち近くに迫る団地。自然豊かな環境が人気の団地だ。

とした住居形態の一種であり、アパートメントハウスの集合体である。

筆者である私は団地暮らしの経験もないし、友人知人にも団地住居経験者はいないので団地におけるコミュニティーを知らないが、その団地が分譲であれ、賃貸であれ要はマンションにおけるコミュニティー（管理組合）と同じに思う。

西武沿線は団地が多く存在するが、だからと言って現状本位で沿線文化を眺めれば、そこに社会主義的な濃厚さは感じられない。

ただ時計の針を約半世紀前にもどすと確かに西武沿線は革新政党の票田であった事実は認められる。その印象が今なおイメージとして残り香のように漂っているのではないだろうか。リベラルな空気感は今もあるが、それはJR中央線沿線にも残っている。

1960年代を中心に吹き荒れた革新政治へのあこがれが残像としてあるのかもしれない。その時代を西武沿線で暮らした人にとっての郷愁とでもいえようか。

私もそのジェネレーションに近いので、よくわかる。

その頃の西武沿線は戦後日本の大衆社会の理想を追うアトモスフェアが確

▲造成当時は日本住宅公団最大の公団住宅だった。住棟の老朽化が進んだため、「ひばりが丘パークヒルズ」へと建て替えがおこなわれた。

◀ひばりが丘団地内にあるY字に建てられた53号棟。建築当初の団地の面影を残す唯一の建物として保存されている。

かにあった。

しかし、だからといってその原動力が社会主義志向にあったと言い切ってよいのか疑問である。

大半の住民は資本主義的消費社会の中で、ステップアップしていくことを希求していたのではないか。その箱物＝住居形態が団地であったに過ぎないと私は考える。

団地建設にあった自然環境

なぜ西武沿線に団地が多く建設されることになったのか。要因はいくつか考えられるが、その前に具体的におもな大型団地をピックアップしてみよう。

ひばりが丘団地、滝山団地、久米川団地、清瀬旭が丘団地、東久留米団地、村山団地、東京街道団地などが建設されており、その事業主体は日本住宅公団（当時）、東京都でありすべて公営住宅である。1950～1960年代に完成している。

これらのほか中小規模の団地まで数えたらきりがないほど多い。

賃貸オンリーの団地と、分譲棟を有する団地が混在するが、分譲棟が出現するのは1960年代も後半からであり、上記の中では滝山団地、清瀬旭が

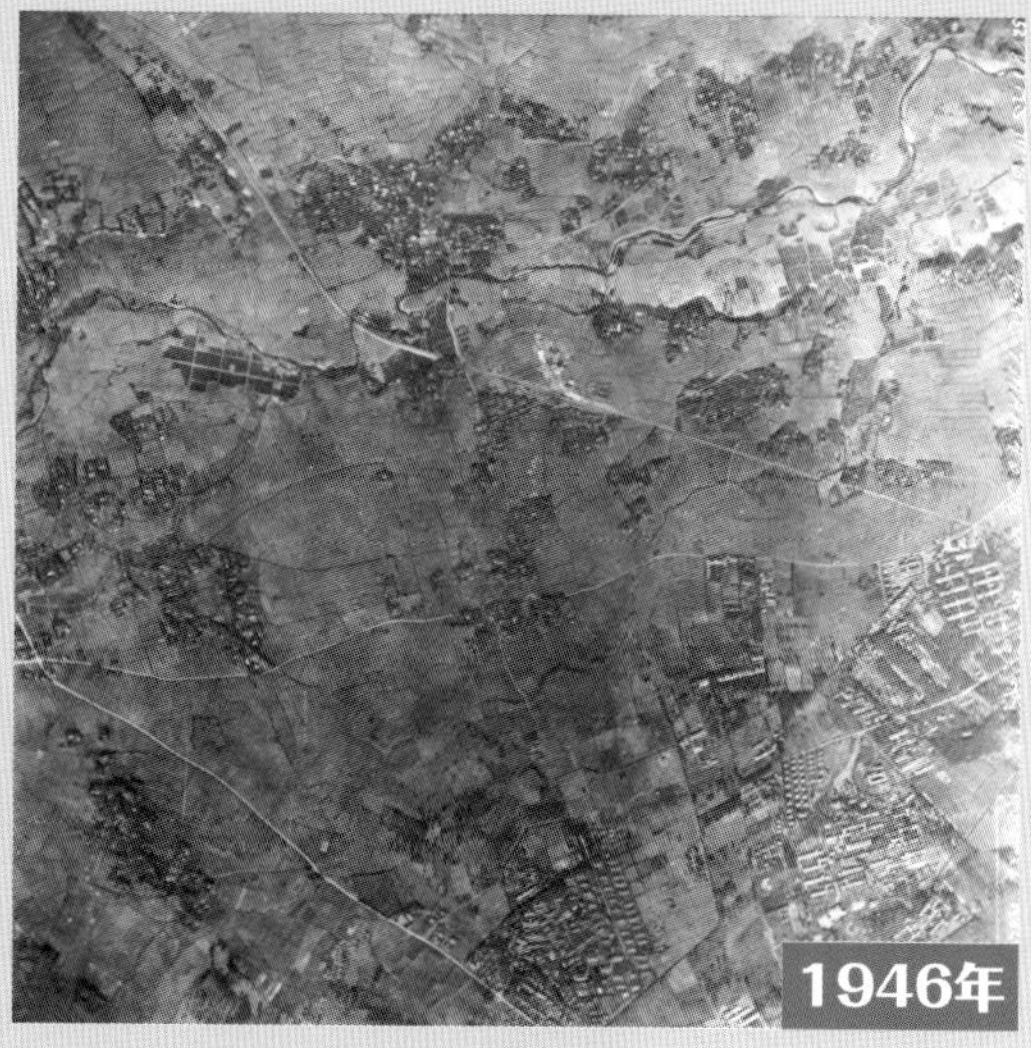

秋津駅付近の航空写真

終戦時は田畑が広がっていたが、人口増加にともない宅地開発がおこなわれていった。土地はそれほど起伏もなく、団地開発に適していた 。(国土地理院提供)

丘団地に出現した。

かくも多くの大型団地がなぜ西武沿線に集中したのか、その理由であるが次に要約可能である。

1. 地形的に平坦面が多い。2. 地価が比較的安い。3. 池袋から地下鉄で都心へ行ける。などが考えられるが、1と2については東武伊勢崎線沿線も同じ条件を備えている。

しかし東武伊勢崎線沿線は低湿地帯が多く、1950~1960年代には水害が多かった。この点、武蔵野台地上にある西武沿線はその心配が少ない。

3については東武伊勢崎線の都心側ターミナルが浅草であるため池袋とくらべて不便である。東武伊勢崎線が地下鉄日比谷線との相互乗り入れをはじめたのは1960年代をむかえてからである（日比谷線全通は1964年）。東武東上線は西武池袋線と互角の地勢だが、なぜかその沿線開発では西武におくれをとっていた。

こう記すと西武自身が自社の沿線開発に熱心だったように思われるが、まったくそうではない。池袋駅周辺および多摩湖周辺の開発をしているが、沿線での宅地開発はほとんど見られなかった。大泉学園都市、小平学園都市の開発が不調に終わったため沿線での宅地開発をおこなっていない。

西武沿線の宅地化を推進したのは主として住宅公団や東京都などの公的機関である。

西武がその頃すでに手掛けていた宅地開発の中心は自社沿線から遠く離れた神奈川県の鎌倉、逗子である。

多くの民鉄が自社の沿線で開発事業をおこなっているが、西武鉄道は異なっていた。

それは宅地開発についてだけではない。西武沿線にはじめてプリンスホテルを建てたのも、1977年開業の新宿プリンスホテルからである。都内におけるプリンスホテルの第1号店は1953年開業の麻布プリンスホテル（現存せず）、高輪プリンスホテル（現在のグランドプリンスホテル高輪）であった。

さすがに百貨店、スーパーマーケットは自社沿線から出店したが、宅地開発やホテルに関してはそうでない事がわかる。

西武沿線に西武グループの華やかな一面は長い間みられなかった。

見えるものは大型団地群の壮観な光景と、武蔵野に残る雑木林だったのである。

NRA
verdure
新緑
西武彩景
東吾野～吾野

▲戦前、池袋から椎名町駅にかけては若い芸術家が住み、池袋モンパルナスを形成していた。戦後は漫画家が多く住んでいた。

▶池袋西口には立教大学や東京芸術劇場などの教育文化施設がある。

大衆文化がいち早く誕生した街

新宿線、池袋線の起点であるターミナル近くの街なみは、中小住宅が多く建ちならび昭和40年代頃までは映画『神田川』の世界を思わせるようだった。いわゆる東京の下町とも山の手とも異なる雰囲気といえようか。

それを換言すると当時青春時代を送った人々をステレオタイプ化した学生街といった感じである。今も所々にそうしたところを見つけることが可能だ。ちょっとあやうい青春のいぶきが感じられ、そこに魅力がある。

泥くささもなく、かといって洗練されてもいない点に特徴がある。これが私の感想だが池袋駅西側には多くの芸術家たちが暮らしたエリアがあり、池袋モンパルナスとよばれていた。モンパルナスとはパリの下町で芸術家が多い地区の名称である。

池袋は立教大学があるため新宿に感じないアカデミックな香りがする街だ。

西武沿線を団地の街だと前記したが、それと同時に名所、古刹がひっそりと佇んでいる。まず池袋線から見ていこう。

長命寺南大門

◀江戸時代から「東の高野山」として広く知られた霊場。駅名の練馬高野台の由来にもなっている。南大門には四天王像が安置されている。

▼奥の院にある御影堂には、創建した慶算阿闍梨（けいさんあじゅり）が高野山で感得した生御影の弘法大師像が安置。

長命寺奥の院

練馬高野台駅の近くにあり東の高野山ともいわれている古刹が谷原山長命寺であり、ここは境内に趣がある。昔のままのたたずまいが感じられる仁王門、鐘楼、本堂をはじめとして奥の院へ歩をすすめると石仏たちに出会える。次駅の石神井公園駅はその名のとおり石神井公園の最寄り駅で、歩いて20分ぐらいかかるが三宝寺池という湧水池があり、その池を水源とする石神井川を利用して造った石神井池があり、池の周辺は静かな住宅街として池袋線を代表する高級住宅地である。

三宝寺池沼沢植物集落として天然記念物となっており、ハンゲショウ、ジュンサイ、ヒツジグサなどが群生する。また桜、ケヤキ、クヌギといった樹木が多く遠い日の武蔵野がしのばれる。池袋から30分ほど走ると車窓にも緑が多くなり東久留米に到着する。同駅からバスで10分ほど走ると金鳳山平林禅寺に着く。

この大寺院は1375年に太田道灌の父である資清が建立した臨済宗妙心寺派の寺院で、約3万坪に達する広大な寺域には松平伊豆守の墓や運慶作と伝わる仁王像がある山門、禅堂などが雑木林の中にその姿をみせる。とくに晩秋が趣ひとしおである。

石神井公園

▲宅地化が進む中で残された豊かな自然が、地域住民の憩いの場所として人気。公園の周辺は環境の良さから高級住宅街となっている。

石神井城跡

▶平安から室町中期にかけて石神井川流域を支配していた豊島氏の城だった。土塁や堀が兵どもの夢のあとを物語る。

一般には平林寺と呼ばれている寺だ。

西武池袋線沿線で武蔵野を強く感じさせる光景は東久留米の次駅である清瀬にもあり、それが志木へ通じる志木街道沿いのケヤキ並木である。池袋線はこの先、秋津を過ぎると埼玉県に入り、西武の城下町でもある所沢に至る。この秋津～所沢間には西武とJRを結ぶ路線があるが、その路線の建設費用負担で国鉄（当時）と揉めた経緯がある。

西武では路線中間点を境として工事費をそれぞれが負担する案を提言したが、国鉄は駅間で分割すべきではないと主張し、すべて西武が負担することを求めてきた。

しかし西武側では南海電鉄和歌山市駅と国鉄和歌山駅を結ぶ連絡線では社国分界点が中間に設けられている例を出し、国鉄に西武案を認めさせた。

この秋津では西武とJRとの乗りかえが不便だが、西武では国鉄（JR）新秋津駅ホーム末端と西武の秋津駅は近い位置にあるので、ここに連絡通路を設ける提案をしたが、国鉄貨物営業局（当時）では、これを拒否した。その理由が実に国鉄らしい。

武蔵野線に旅客列車を走らせるのは用地取得を円滑におこなうための方便であり、本来の建設目的はあくまでも

平林寺

◀武蔵野の一角、野火止台地に創建された平林寺。13万坪の広大な境内を有し、時代とともに移り変わる風景をよそ眼に、昔のたたずまいを残す。

松平信綱墓所

▶平林寺には松平信綱をはじめとする大河内松平家歴代の廟所がある。

志木街道

◀新東京百景の1つにもなっている志木街道のケヤキ並木。もとは農家の屋敷林だったとか。今でも土蔵を持つ風格のある農家が点在している。

貨物輸送にあるのだから旅客増につながるような付帯設備は設けたくない。とこのような信じ難い見解を示したのである。JRではどう考え直すのか期待したいと民営化の時に思ったものだ。所沢駅は新装されて見違えるほど変わり、西武城下町にふさわしい駅になった。

この所沢は西武線の「おへそ」といえよう。2大幹線である池袋線と新宿線が出会う駅である。昭和30年代〜同40年代初頭の頃には所沢〜池袋間に通勤通学客が多くみられ、所沢以遠と輸送量に差が大きかった。

池袋から所沢にかけての車窓からは平坦な武蔵野台地が眺められ、前記したように大型団地の建設地として最適であったことを実感できる。

戦後、誕生したといわれる中間層が多くの居を構えたエリアだ。大卒ホワイトカラーのイメージといえようか。西武沿線住民のステレオタイプがこれだと感じる。

それは高度経済成長期に多くの人々が理想として描いた文化的な暮らし、具体的にはシステムキッチン、LDK、鉄筋コンクリート住宅であり、日々の暮らしを支えるスーパーマーケットの存在など、そうしたものがパッケージ

所沢駅

▲新宿線と池袋線が乗り入れる所沢駅。西武鉄道の主要駅にふさわしく、駅の改良工事がおこなわれ、2013年に完成した。

長源寺

▲日本の門の建築様式のひとつ四脚門で建てられた総檜造りの山門。江戸後期のものといわれる。

所沢駅ホーム

▲駅舎が改築されたがホームには、まだ昔の面影が残る。

された住環境が団地であった。

いわば、新大衆文化がいち早く芽生えた地域が西武沿線である。

渡来人も眺めた奥武蔵の風景

所沢周辺の見どころに話をもどすと、埼玉県下でも数少ない文化財を有する古刹、安松山長源寺があり、その山門が文化財に指定されている。開山は室町時代と伝えられる。

また、滝の城跡公園も見どころであり、ここは北条陸奥守氏照の城跡で、今は城山公園とよばれている。本丸をめぐる穴堀そして土塁、物見櫓跡などが残され昔をしのばせる光景だ。

所沢〜入間市間で狭山丘陵を通過するためか、沿線風景も奥武蔵を思わせる変化がある。

入間市〜仏子間など丘陵部を越える実感があるが、入間市駅は急曲線上にあることでもそれがわかる。

実は以前この区間の路線付けかえ計画があった。その計画では入間市駅のホームを北側にある空地へ移転することで直線ホームへ改良し、その先で霞川および道路を乗り越え、浅間山を隧道で抜き、1号踏切の手前から緩和曲線へ入り在来線へつなぐというもので

入間川を渡る西武線

▲所沢を過ぎると、ところどころに昔ながらの風景が広がる。

滝の城址公園

▶戦国時代の城跡で別名「本郷城」ともいわれ、土塁・空堀の一部が残る。現在は公園として整備され、梅や桜の名所となっている。

JR新秋津駅

◀JR新秋津駅に掲げられた乗換案内版。

あった。しかしこの計画は建設コストが多くかかるため、それを理由に当時、国鉄からやってきた鉄道担当副社長の仁杉巌が反対して実現しなかったそうだ。

池袋線は飯能へ達し、ここで方向転換して吾野へ向かう。実感としては飯能が池袋線と西武秩父線との分界駅に思う人も多いに違いない。この飯能駅は街はずれに位置している。飯能周辺にはゴルフ場が多いため、ゴルファーの利用をあて込んで飯能プリンスホテルが開業した。

飯能には標高195メートルの天覧山が飯能河原の北にあり、その山頂からは関東平野の広がり、奥武蔵、奥多摩の山々をはじめ、遠く丹沢や富士山が眺められる。ここは幕末に飯能戦争とよばれる動乱があった場所である。

この天覧山はもともとの名を羅漢山と称したが、1883年に飯能で軍事演習があり、明治天皇が羅漢山から演習を見学したことから天覧山とよばれるようになった。

高麗峠東側を流れる名栗川の水を引き込んで造った人工湖、宮沢湖も飯能からバスで行ける。周囲約4キロの湖で行楽地になっているが元来は農業用水確保のために造られた湖である。

▲明治天皇が山頂から近衛兵春季小演習を統監した事からその名が付いた。飯能市内が一望でき、気軽に登れることから人気のハイキングコースになっている。

▲朝鮮半島の高句麗からの渡来人高麗王若光を祀る。かつてこの辺りに高句麗人が移住し、高麗郡が設置されていた。

▲移住した高句麗人が開拓して水田を造ったといわれている。現在は公園として整備され、コスモスと彼岸花の名所として賑わう。

飯能で方向転換した池袋線は、この先から次第に山間部へと入ってゆく。

高麗あたりまで宅地化がすすんでおり、高麗駅を最寄り駅とする東急ニュータウンがある。この周辺は古くから機織りが盛んであったが高麗からの渡来人が拓いた集落で、駅前にトーテンポールが建っていた事を思い出す。高麗神社という社もある。

次駅の武蔵横手は西川材の産地として知られ、ヒノキ、杉の林が美しい。

この駅は鎌北湖、物見山などへの奥武蔵ハイキングコースの起点でもある。

いよいよ池袋線の終点駅、吾野が近づく。ひとつ手前の駅である東吾野のあたりは山が深まり平地面積が1割ほどだそうだ。

この東吾野駅から20分ほど歩くと国指定の重要文化財になっている阿弥陀堂がある福徳寺に行ける。阿弥陀像は長野市にある善光寺から移されたそうだ。ここへ私が行ったのはずいぶん前のことであり、そのときは、無人の寺で荒廃していた。今どうなっているのだろうか。

次駅、吾野は池袋線の終点で西武秩父線が開通するまで、文字どおりの終端駅であった。吾野は秩父街道の宿場町として歴史があり、吾野群層なる地

▲吾野は昔から木材の産地として栄え、江戸時代には西川材として吉野材に匹敵するほどの評価を受けていた。

◀西武秩父線が開業するまでの池袋線の終着駅だった。ホームからは吾野鉱山が見え、石灰石などを採掘している。

▲1212年に創建された古刹。境内には鎌倉後期の建物である阿弥陀堂があり、中には阿弥陀三尊が安置。

層から石灰石が多く採れるため、近くの岩殿山には採掘場のほか石灰洞や奇勝がある。

以前は吾野で電車を降りると前方に立ち塞がる山々を目にして、その先にある秩父がとても遠く感じられた。

吾野は奥武蔵のどん詰まりであった。どうしても「あの山の向こう」へ行ってみたいと思ったが、この先はハイカーの世界だった。

秩父は近くて遠かった。

あの山の向こう――秩父へ

この夢を叶えたのが西武秩父線の開通である。従来は東武東上線で寄居へ行き、秩父鉄道を利用するため東京からだと奥武蔵の山々を迂回することになる。裕に3時間を要した。

その昔、と言っても確か昭和50年代半ばの頃だが東京・神田駿河台に建つ「山の上ホテル」のパンフレットに次のようなフレーズが載っていた。

――東京一高い、ここ神田駿河台からは今なほ遠く秩父連山を望め……――

山の上ホテルのキャッチコピーはすべて吉田社長（当時）が考えたもので、あえて旧カナづかいに特徴があったが、そのパンフレットを目にした時、妙に

秩父橋

▲荒川にかかる国道299号線の橋で、テレビアニメ『あの日見た花の名前を僕達はまだ知らない。』の舞台として登場し、人気のスポットとなっている。

高山不動

▲654年に開山した関東三大不動のひとつ。かつては山伏の修験道場として栄え、今はハイカーに人気だ。

秩父神社

◀秩父地方の総鎮守。三峯神社、宝登山神社とともに秩父三社にかぞえられ、12月の例祭「秩父夜祭」で知られる。ここもアニメの舞台となった。

秩父への思いが深まったことを思い出す。

秩父は東京で暮らす人々にとって「山の彼方の空遠い地」であり、そこにアルカディア（桃源郷）を想うのかもしれない。

アニメやTVドラマで『あの日見た花の名前を僕達はまだ知らない。』というものが放映され、その舞台が秩父だったが秩父という舞台設定がよかった。

『心が叫びたがっているんだ。』という新作も秩父を舞台にしている。

エンタテインメント情報にくわしくないのでよくわからないのだが、原作者が秩父出身なのだろうか？

『あの花』ブームで秩父が注目されたことがうれしい。

日光や箱根などの国際的観光地と異なり、秩父はどこか郷愁を誘うというのか、遠い思い出がよみがえるような、そんな優しさがある。そんな秩父を都心に近づけたのが西武秩父線である。

この路線の本来の目的はセメント輸送であったが、今では観光路線として活用されると同時に地域の生活路線として機能している。関東では野岩鉄道とならぶ山岳路線だ。

西武秩父線内での見どころは、西吾

中井駅周辺

◀新宿線中井駅の隣にアニメ『時をかける少女』の舞台のモデルとなった踏切がある。西武沿線には多くの漫画家が住み、アニメ制作事務所があるので、作品の舞台になることが多い。

野にある高山不動堂だろう。高幡、大山、成田の不動尊とならぶ有名なもので、その本堂は１８４９年に建立された。樹齢８００年といわれる大イチョウは天然記念物であり、夏至や節分の星祭には多くの人出がある。

西武秩父線は飯能市の最西端にある正丸駅を過ぎると長さ４８１１メートルの正丸トンネルが待つ。この正丸トンネルを、はじめて目にした時、なぜかシンプロン・トンネルを思い出した。

西武秩父線の開通式は１９６９年10月13日だったと記憶している。確か月曜日ではなかったか（一般開業は翌14日）。テープカットしたのは小島正治郎社長だったと思う。

西武秩父駅は以前農業高校があった場所だと聞いたおぼえがある。

その駅前はまだ未舗装だったが、堤康次郎の銅像が建っていた。

西武バスからはルートサーベイのため、何人ものスタッフが来ていたようだ。

「秩父へ特急83分」が当時のキャッチコピーである。

日立製作所笠戸工場製の５０００系レッドアロー第1編成に乗った当時をなつかしく思い出す。前面に西武のロゴを付けたのは小島社長のリクエストである。

▲境内には西国霊場三十三観音、板東三十三観音、秩父三十四観音を一か所で巡ることができる百観音霊場がある。

◀哲学者であり、東洋大学の創設者でもある故・井上円了博士が造った「四聖堂」で、「哲学堂」ともよばれる。

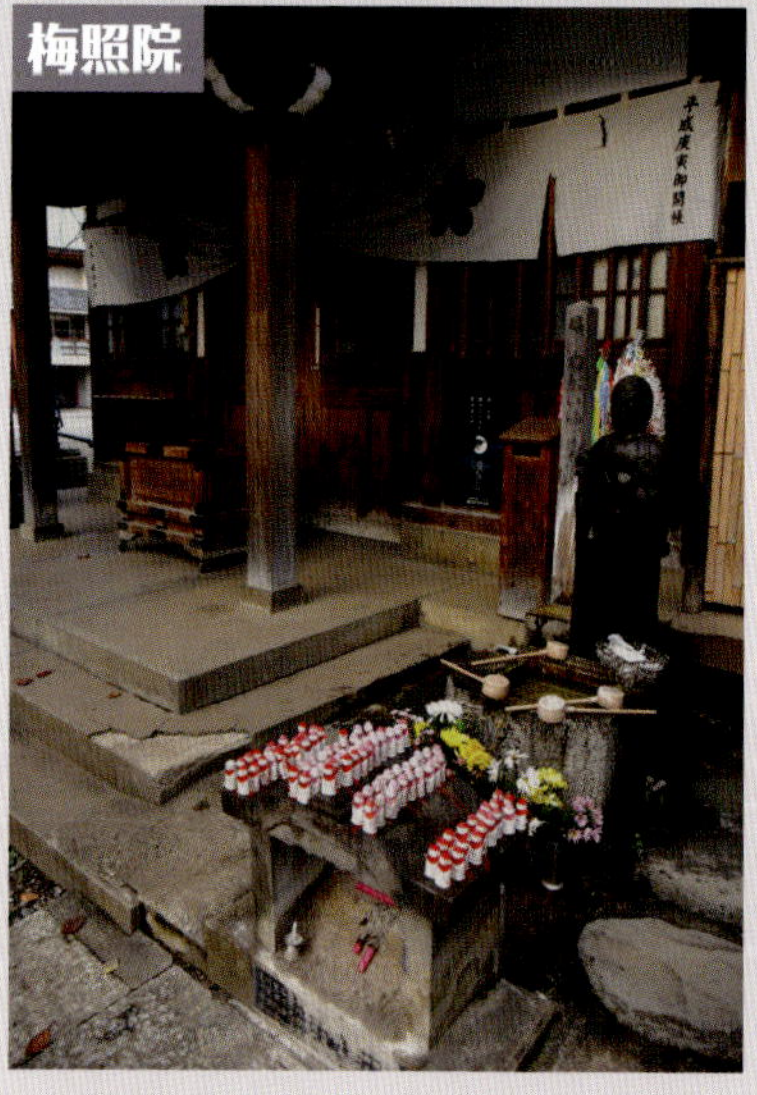

◀新井薬師として知られており、特に眼病治癒のご利益（りやく）で有名。そのほか子育てなどにもご利益がある。

武蔵野の原風景が広がる新宿線

　西武鉄道のもうひとつの幹線である新宿線は観光輸送とは無縁であったが、川越の街が小江戸とよばれるようになってから、観光客が増えている。ニューレッドアローも新宿線でデビューした。

　新宿線の特徴は拝島線と一体化した運行にその特徴があり、年々拝島方面への輸送需要が増している。

　新宿線沿線にも見どころが多い。

　新井薬師前はその名のとおり新井薬師への最寄り駅。数分歩くと新井薬師だ。

　新井薬師は僧行春が1586年に開いたといわれ、6代目住職の玄鏡が15歳以下の子供なら、どんな病気でも治るという万能薬「夢想丸」を作り信者を集めた。そうした由来のためか山門の近くに子供地蔵が建っている。毎月8の付く日が縁日で賑わう。

　新井薬師前から哲学堂公園もそう遠くない。落合丘陵西南端と野方丘陵の谷間を妙正寺川が流れる景勝地で和田山とよばれている。桜と紅葉が美しい所である。

　新宿線沿線には、一駅ごとに古寺が

▲80ヘクタールの広大な公園で、都内では少なくなった武蔵野の面影をできるだけ残すよう整備されている。

▲文化的価値の高い歴史的建造物を移築し、復元・保存・展示する野外博物館。

▲東京たてもの園内にある碑で、1946年から3年間、学習院中等科がこの地に置かれた。それにともない東宮仮御寓所も設置された。

あり、沼袋の百観音、禅定院。野方の蓮華寺なども見どころだといえよう。これらすべてを紹介したのでは寺院めぐりになってしまうのでこのへんにしておこう。

新宿線沿線で最大の見どころは、花小金井から近い都立小金井公園だ。80ヘクタールの公園内には、江戸東京たてもの園などの施設をはじめ、いろいろな施設が揃っている。春の桜、秋の紅葉はとにかく息をのむ美しさである。

私のおすすめは晩秋の夕暮れ時。黄に紅に染まった葉が風に乗ってハラハラと舞い落ち、セピアのシャワーのようで美しい。

沈む夕日に染まる武蔵野を体感できる。シャンソンを聴きたい気分だ。

そんな肌寒い晩秋のテーブルには心まであたたまるようなシチューが似合うだろう。

都内にありながら遠い日の武蔵野と出会える。それは半世紀以上も昔の、西武沿線の原風景を思わせるようだ。

さわやかな春の宵に、桜の淡い芳香につつまれながら散歩するのも楽しいだろう。

新宿線沿線のベストスポットである。

小金井公園は1940年、紀元26

村山貯水池

▲1927年に完成した人工湖で、多摩湖の愛称で知られる。湖上にはネオ・ルネッサンス様式で、煉瓦造りの村山下第一取水塔が建つ。

狭山公園

◀多摩湖の堰堤の東側に広がる公園で、武蔵野の里山の風景や自然が今も色濃く残る。

００年記念事業として開園された。太平洋戦争中の一時期、皇太子明仁がここに疎開していたと聞いたことがあり、その時に使用した建物が後に武蔵野郷土館に転用されたのではないだろうか。

意外なところで発見した「掬水」

西武沿線を象徴する風景に多摩湖、狭山湖がある。両方とも水道用貯水池であり正式名称は多摩湖が村山貯水池、狭山湖は山口貯水池。大正から昭和にかけて造られた。

この一帯は西武系レジャー施設が集中しており、かつてはユネスコ村があった。

ユネスコ村は世界各国の民家をモデルハウスのように展示したテーマパークのことである。西武グループの総師であった堤康次郎はこの一帯をアメリカのディズニーランドのようにしたいと考えていた。

アニメ『となりのトトロ』の「トトロの森」のモデルとされたのも、この周辺である。

村山貯水池（多摩湖）には１９２８年の多摩湖鉄道開通にあわせて村山ホテルが開業している。３階建てのプチホテルで後に４階部分を増築した。大

◀西武プリンスドームが正式名称。埼玉西武ライオンズの本拠地でもある。

▲森と湖に囲まれた中国割烹旅館 掬水亭。全室から多摩湖を一望できる。

▲西武鉄道が所有し、グループ会社の西武レクリエーションが運営する遊園地。

岡昇平の小説『武蔵野婦人』の舞台として有名になったが、1961年に廃業。なお1950年に多摩湖ホテルへ改称していた。今もこのあたりに多摩湖プリンスホテルがあるとよいと思う。ドーム球場にも近いので利用率は悪くないはずだ。

西武では多摩湖に中国割烹「掬水《きくすい》亭」という施設を有する。この掬水亭の掬水とは堤康次郎が1938年に川崎造船の成瀬正行から買収した東京市麻布区広尾町（現在の東京都港区南麻布5丁目）の屋敷にあった洋館1棟と和風建築1棟、計2棟を掬水邸・名づけていたことに由来する。堤はこの2棟を公邸扱いしており、私邸は新たに同敷地内に建てた。私の記憶が正しければ確か敷地は5241坪だったと思う。屋敷全体を「米荘閣」とよんでいた。この名は堤の出身地である八木荘村（現在の滋賀県愛知《えち》郡愛荘町）の名前にかけて名づけたそうだ。1984年に建てかえをおこない、1990年に落成後はセゾングループが使用していた。

現在同地は大手商社の双日（旧ニチメン）に売却され、マンションが建っている。

意外なところ（多摩湖）で掬水の文字を目にして、おどろいた。

西武鉄道の路線はその数が多いので、すべてを記すことはできなかったが、おもな見どころや、特徴は語ったつもりである。

それを今一度整理して記すと、西武沿線は武蔵野台地の自然にめぐまれた地域であり、その地形の有利性と地価の値頃感から高度経済成長期に団地を中心にして多くの人たちの居住地として発展を遂げたということである。さらに加えて秩父へ路線が達したことで、秩父という観光資源を手にすることができた。今後の課題のひとつとして、秩父の観光振興策の、さらなるブラッシュアップが求められよう。そうした中でアニメとのコラボレーションは、なかなかのアイディアだと評価したい。

西武彩景
phlox subulata
芝桜
横瀬〜西武秩父

飯能
各停

東海道新幹線と西武鉄道

新横浜に西武系商業施設があるワケ

東海道新幹線と西武鉄道は一見なんの関係も有しないかに見える。

だが新横浜駅周辺の光景を思い出していただきたい。そこには新横浜プリンスホテルを中心にして西武系の商業施設が建っている。

なぜ西武沿線から遠く離れた新横浜に西武グループが進出できたのか？

実は、これに関しては東海道新幹線建設時の用地問題が深く関係しており、さらに鉄道ファンの間ではよく知られている西武系近江鉄道における「景観補償」問題が絡んでいる。この謎についてそろそろ語ってもよい時期だろう。すでに半世紀が過ぎている。

西武の堤康次郎が東海道新幹線建設用地の情報を知ったのは、それを教えた人物がいたからであり、その人物というのが佐藤栄作（元首相）の直属の部下で国鉄にいた中地新樹である。

彼は国鉄大阪鉄道局に勤務していたが、その時の局長が後に首相となる佐藤栄作だ。

中地は佐藤の情報員でもあり東海道新幹線駅建設用地の情報を得ていた。その情報を事前に堤に流したのである。

堤はその情報を得たことで新横浜駅建設予定地周辺の土地、約20万2000平方メートルを買収。しかし西武や堤の名前ではなく中地名義で土地の売買契約をおこなっている。実はちょうどその頃、池袋に所有していた土地を売却した裏資金が10億円ほど堤の手元にあったそうだ。この10億円のうちの2億5000万円を東海道新幹線駅計画用地の土地買収に投入した。

政府発表前の極秘情報を入手した成果は大きい。当然そこには多額の「お礼」が動いたはずだ。中地はまた佐藤の代理人となって駅建設予定地を買っており、土地売買差益を佐藤に渡す役目を果たしている。

ちょうど1960年頃のことだそうだ。

中地は堤から近江鉄道の車窓風景が東海道新幹線高架橋の建設で損なわれるので、これに対する補償として2億5000万円を国鉄に支払わせる依頼を受けており、もしその支払いを拒否するなら、堤が事前に買収した用地を国鉄に売らないと言われ困ったそうだ。

「景観補償」とは前代未聞の話だが、これはひとつの口実であろう。

その金額が2億5000万円というのが、なにやら示唆に富む。山梨交通株の買収費用とピタリと一致している。

堤は近江鉄道の経営資金にそれを当てると言っていたそうだが、果たしてどうなのか。

踏切道改修や車両補修にその金を投入するというのも、ちょっと話ができすぎている。

◀新横浜駅前にひときわ目立つ丸い建物が新横浜プリンスホテル。

堤の依頼を受けた中地は、国鉄新幹線総局長、遠藤鐵二。同新幹線用地部長、赤木渉にその旨を伝えたが一度は断られている。

しかし、この件は7500万円の工作資金を別途用意し、前出の遠藤、赤木と副総裁の大石重成に対する「対策費」として渡すことで、近江鉄道に対する景観補償が実行されたそうだ。

この7500万円の工作資金の受領書の日付を見ると「昭和36年10月15日」と記載されており次の文が記されている。

「右金額（一金七千五百萬圓也）正に受取り近江鐵道より申入れの有る景色保障代金二億五仟萬圓の補充費に當てると共に總裁室新幹線總局現場工事局等の調整費に計上して處置した。」（原文のまま）

日本國有鐵道が発行した受領書であり、副総裁、吾孫子豊。新幹線局長、遠藤鐵二。新幹線用地部長、赤木渉。以上３名が連名押印している。

極秘扱い文書であり、「本書は門外不出として某所に保管し近江鐵道が約束果たした時焼却處分する」と記されている。

しかし焼却されなかった。

西武鉄道で法務担当役員をしていた人物が保管していた。

堤康次郎のまさに錬金術というほかない一件である。

東海道新幹線計画を「人質」に取ったような裏技だ。

事前に予定地を買収して超過利潤を獲得したのみならず、その用地を元にして近江鉄道への景観補償費を得ている。

法律上では鉄道建設用地は強制収用できるのだが、それは建て前論にすぎない。

明らかに堤ー佐藤ラインで事は動いたのである。

西武鉄道は、ここでもまた自社沿線外でダイナミックな企業活動をみせた。

西武秩父線に秘められた歴史

セメントメーカー同士のライバル物語

西武鉄道ではテレビCMを流して秩父の観光PRをするようになった。

いま秩父は秩父を舞台にしたアニメで観光客が増え続けており、都心と秩父をショートカットする西武鉄道は、その恩恵に浴している。西武秩父線が開業したのは1969年10月のことであり、初代レッドアローがデビューした。この西武秩父線の開業をきっかけとして西武鉄道における真の近代化がはじまり、特急レッドアローのほか黄色い電車101系ASカーが走り出す。

西武鉄道では西武秩父線芦ケ久保駅の近くに地元農家とタイアップして芦ケ久保果樹園を設けて観光客の誘致をおこなったが、秩父では「西武長瀞ビューテラス」、「志賀坂高原ロッジ」などの観光施設を開業。また西武バスが秩父名所めぐり、秩父札所めぐりの定期観光バスを走らせた。一般の目には西武秩父線は西武鉄道が秩父の観光開発を目的として開業したように映ったのではないだろうか。もちろん、そうした目的もあったが真の目的はセメント搬出のために建設した路線である。観光開発や観光客輸送は実のところ副次的なものだといえよう。

実は西武秩父線建設の是非は西武鉄道社内にもあり、小島正治郎社長も慎重派だったと堤清二は語っている。

西武鉄道の前身にあたる武蔵野鉄道が吾野まで延長したことで経営破綻に追い込まれているが、その延長目的もまたセメントに関係してのことであった。

そもそも西武鉄道は戦後とくにセメント関連事業との関係を深めており、1948年に秩父森林組合から武甲山の石灰石鉱区の一部を譲受した。このときに吾野が終点だった鉄道を秩父まで延伸させることが条件として付されている。

セメント生産事業は東京耐火建材（後の復興社→西武建設）に粉石灰の需要があったことから西武と関連するが、西武グループのどこかがセメントの大手メーカーにのし上がろうとした形跡はみられない。

武甲山での採掘権の入手目的は権利取得そのものが目的であったと思われる。

さらに深読みすると武甲山という秩父の経営資源は地元企業の秩父セメント（現在の太平洋セメント）にとって文字通りに宝の山である。その武甲山で採掘権を有する秩父森林組合は地元の組合であり、秩父が秩父セメント（当時）の企業城下町でもあることを思えば、他の大手セメントメーカーへ権利を譲渡しにくいに違いない。

秩父への鉄道延長を大義名分とすれば西武鉄道への権利譲渡は一応筋が通った話になる。これはあくまでも私の推測だが……。

ところで関東への進出をねらっていた大手セメントメーカーがあった。

それが三菱鉱業セメント（現在の三菱マテリアル）だ。そこの代表は大槻文平だったと記憶しているが、彼は財界重鎮のひとりであった。このころ、西武の堤義明が、しきりに三菱グループを意識するようになり、西武グループをゆくゆくは三菱グループのように組織で動く集団にしたいと、日頃の彼の発言や行動とは矛盾することをよく口にしていた。

三菱商事が成田に建てたホテルを運営受託し、成田プリンスホテル（現存せず）をオープンさせたこともあった。

実は三菱鉱業セメントは関東進出にあたり西武鉄道から武甲山の石灰石鉱区を譲受して操業をはじめたのである。その搬出輸送を西武鉄道が引き受けることになり、西武秩父線が建設されたわけだ。

この西武の動きに腹立たしく思っても不思議のない人物がいた。その彼の名は諸井虔という。秩父セメント創業家のひとりであり、財界の論客でもあった。その諸井が2004年に起きた西武騒動の時に発足した西武グループ経営改革委員会座長をしたのが、なんとも不思議なめぐりあわせだと私は苦笑した。

西武への攻撃の激しさは「理論家・諸井虔」を知っているだけに正直おどろいた。

「あの時のカタキかな？」と思った。

天下太平なる秩父セメントの城下町へ、剣客を送り込んだのが西武だと思われても仕方がない。西武秩父線開業の裏では、こうしたセメントメーカー同士のライバル物語があったのである。

秩父セメント（太平洋セメント）は傘下に秩父鉄道を持っているので安い運賃でセメント輸送ができる。

熊谷でJRと連絡しており有利だ。

現在、三菱マテリアルのセメント輸送は道路輸送となり西武鉄道を経由しない。

西武秩父線は観光鉄道というベールをつけた産業鉄道だったが、現在の性格は観光鉄道および地元の生活路線となっている。さらなる秩父の発展に寄与するだろう。

◀吾野駅から見えるのは昭和初期から石灰石を採掘する吾野鉱山。現在は西武建材が経営する。

鎌倉逗子ハイランド

ゴルフ場計画がとん挫して誕生した住宅地

鎌倉一帯に広がる西武鉄道の分譲住宅地。

その中のひとつに「ハイランド」と称する一角が、鎌倉市と逗子市とに跨ってある。

そこはかつてゴルフ場として計画された土地であり、総面積は約20万坪。

ゴルフ場を計画したのは著名な音楽家として知られた團伊玖磨の父親、團伊能である。

彼は三井財閥の大番頭・團琢磨の子息で、東大講師を務める芸術愛好家で、文学や美術に造詣が深かったそうだ。

ゴルフ場建設にあたり「理想」を追求するあまり資金ショートさせてしまい、途中で投げ出してしまったらしい。

團はブリヂストンの石橋とも親しかったそうで、ブリスヂストンの顧問弁護士を通して堤康次郎に当該地を買ってはどうかと話が持ち込まれた。堤は西武の法務担当弁護士である人物と相談のうえで買収することにした。

問題はその土地に付いている債務であり、工事を請け負った熊谷組などへの工事代金未払い処理と、すでにゴルフクラブ会員権を購入している約700名への対応である。

この件では当時、西武グループの最高意思決定会議などといわれていた「火曜会」でも、めずらしく揉めたそうだ。

しかし買収する案で決まり、ゴルフ会員権保有者には西武系ゴルフ場への優待など便宜をはかることで納得してもらい、また近隣のゴルフ場の会員権を斡旋した。

熊谷組は工事代金の減額に応じ、その条件として西武秩父線の建設工事の入札に参加させるとの念書を書くよう求めてきた。

実際に熊谷組はその後に着工した西武秩父線の建設にあたり正丸トンネルなどの工事を請け負っている。

ゴルフ場予定地を買収した堤は、その土地を宅地として分譲することにした。

この宅地化計画は極秘であり、ゴルフ場建設を強く求める人たちに知られてはまずい。

この計画から西武は手を引けという人たちもいたからだ。堤はこの土地の有効利用に気付いて買収を強行したと思える。それが宅地化であった。

「ハイランド」誕生に至る裏ばなしである。鎌倉・逗子・横須賀方面における西武グループによる開発史を記すと莫大な紙数を要することになるので、ここではその中のひとつについて、ごく簡明に記すにとどめる。

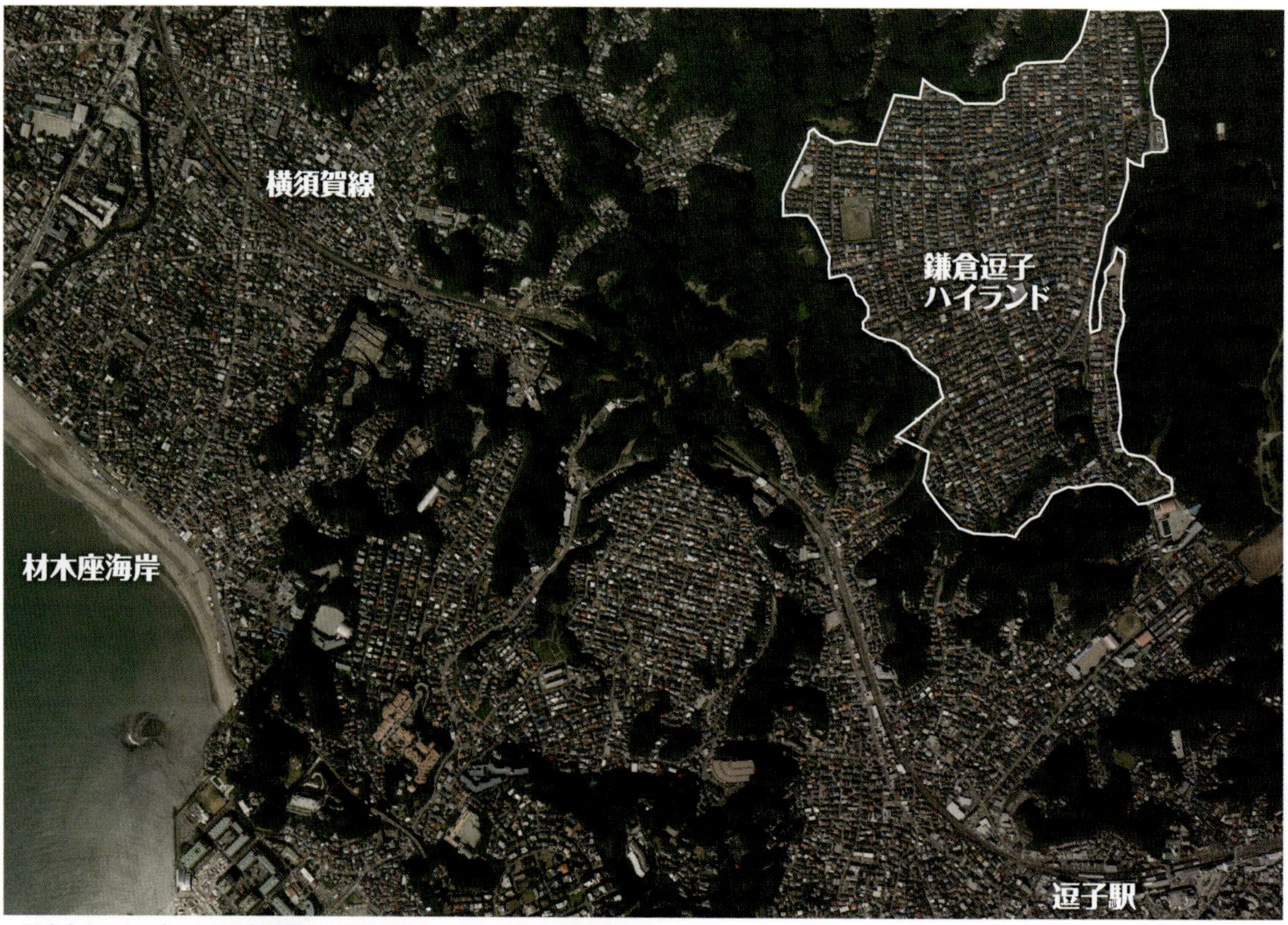

▲写真右上の山の中にある巨大な団地が、鎌倉逗子ハイランド。(国土地理院提供)

西武グループの今昔

▲東京オリンピックに合わせて開業した東京プリンスホテル。

大手民鉄の異端児

「でかける人を、ほほえむ人へ。」をスローガンにする西武グループ。

2006年2月、新しく西武ホールディングスが設立され西武グループの組織再編がおこなわれた。

持株会社制への移行であり、西武ホールディングスの下に事業会社として西武鉄道およびプリンスホテルが置かれている。

大手民鉄グループが持株会社制を導入した最初の例は、阪急グループによる阪急ホールディングス（現在の阪急阪神ホールディングス）であり、その後、相鉄、近鉄などが実施し、2016年4月を目途に京阪も持株会社制へ移行する。

戦後長いこと持株会社制を封印してきたが、これはGHQによる財閥解体に端を発してのことだ。これが解禁された結果ホールディングスなる名称を正式に使用できるようになったのである。

しかし大手民鉄グループにおける企業組織は、はるか以前すでにその実質は限りなく持株会社制に近い内容であった。

▶スマイルトレインの愛称で親しまれている30000系は、西武鉄道のイメージ刷新も担う。

○○鉄道、○○電鉄が親会社となり傘下の関連企業を株式支配し、その経営、人事、金融などに絶対的支配権を有していたからである。電鉄会社本体をピラミッドの頂点とする完全なヒエラルヒーを構築している。

ただひとつの例外を除いては……

その唯一の例外が西武鉄道である。

西武鉄道は表向きには西武グループを代表しているかのように見えたが、その実態はコクド（以前の国土計画）の傘下にあり、西武鉄道が発行した株式のうち実に8割強をコクドが実質保有していた。つまり西武鉄道はコクドの完全子会社であったことがわかる。

資本金わずか1億円強に過ぎない未上場企業のコクドが大手民鉄である西武鉄道をあらゆる面で支配していた。

コクドは国土計画の頃、資本金を10億4000万円にしたことがあるが、これは昭和30年代に施行された税法改正に起因しており、資本金10億円以下だと、保有不動産、有価証券などの資産の、ひとつひとつに税金をかける総資産方式の適用から逃れるためだったのだろう。同社は未上場企業であるうえ、ファミリー企業なので資本金の増減は容易にできる。

このコクド傘下に西武鉄道があった

西武百貨店池袋本店

▲セブン&アイ・ホールディングス傘下の株式会社そごう・西武が運営する。

西武百貨店所沢店

▲1986年に開業した所沢駅西口にある西武百貨店。

原因は西武鉄道の前身である武蔵野鉄道の経営再建を箱根土地（後の国土計画）がおこなったことによるためだ。その時以来の構図が近年まで続いていたのである。

この構図が2004年に事実上、崩壊したことにより、紆余曲折の末に誕生したのが現在の西武ホールディングスであり、同社は2014年4月に東証一部に上場することができた。資本金は500億円である。この額は大手民鉄グループとしては少ないほうだ。

当初、西武鉄道の資本金を2000億円に増資する案もあったが、これは実現させることができなかった。

ところで西武ホールディングスは、その性格が阪急阪神ホールディングス、相鉄ホールディングスなどと異なっている。

阪急阪神ホールディングスは旧阪急電鉄が持株会社へ移行し、また相鉄ホールディングスも旧相模鉄道が持株会社へ移行したものであるが、西武ホールディングスは西武鉄道が持株会社へ移行したものではないからだ。

それを示すもののひとつが会社設立年月である。阪急阪神ホールディングスは1907年10月設立（上場は1949年5月）、相鉄ホールディングスは1918年1月設立（上場は1949年5月）としていることに対して西武ホールディングスは設立年月を2006年2月（上場は2014年4月）としていることでわかる。社歴を阪急や相鉄のように前身企業から通算していない。

西武ホールディングスは純然たる新設企業なのである。

西武グループとひとくちに称するが、これがかつて西武鉄道グループと西武流通グループ（後のセゾングループ）とに2分割されていたことはよく知られていよう。

1970年に分割されている。西武鉄道グループは国土計画（コクド）がグループ全体を統括し、西武流通グループ（セゾングループ）は西武百貨店

▲西友の100パーセント子会社として設立した良品計画が展開するブランド。国内外に出店している。

▲西武百貨店の一部門である西武ストアーが前身となっている。

▲西友ストアーの事業としてスタートし、子会社化。その後伊藤忠商事が筆頭株主となる。

が実質支配していた。同じ「西武」の名前を名乗るが、別々の企業グループであった。

西武流通グループを創立した堤清二は、かねてより「西武色」の払拭を考えていたが、1985年にグループ名を変更し、セゾングループへ改称。

しかし、なぜか西武百貨店をセゾン百貨店へ改称していない。

このセゾングループは結局のところ経営破綻することになり、2001年に解散となる。破綻した原因はいろいろとあり、直接的理由はTCF（東京シティファイナンス）にあるといわれているが、それは氷山の一角であろう。西武百貨店はその名称こそ西武だが現在はセブン&アイホールディングス傘下であり西武系企業ではない。また西友は米国ウォルマートの傘下である。コンビニエンスストアのファミリーマートや無印良品なども、かつてはセゾン傘下であった。

皮肉な言いかたをすれば、堤清二の思いどおりに、すべて西武色を払拭したことになる。

このセゾン=西武流通グループが消滅したので、あえて西武鉄道グループという必要がなくなり、西武グループと元の名称にもどっている。

西武バス

▲東京の北西部から埼玉県南西部にかけての地域を営業エリアとする西武グループのバス会社。

伊豆箱根鉄道

▲神奈川県大雄山線と静岡県駿豆線の2路線があるが、2つともつながっていない。

鉄道とホテルは同格の存在

前記した経緯により西武グループには他の大手民鉄のように流通事業が存在しない。百貨店を有しない大手民鉄グループとして、相鉄グループおよび西鉄グループがあるが、相鉄グループは高島屋に、西鉄グループは井筒屋に出資しており、また両グループともスーパーマーケット事業を有している点で西武グループとは異なっている。

現在の西武グループの事業を眺めると、交通事業として西武鉄道、西武バス、伊豆箱根鉄道、近江鉄道など。ホテル・観光事業としてプリンスホテル、プリンスリゾーツハワイ、ハワイプリンスホテルワイキキ、マウナケアリゾート、西武トラベル、横浜八景島、豊島園、西武ライオンズ、西武レクリエーションなど。不動産事業として西武プロパティーズなど。建設関連事業として西武建設、西武建材、西武造園などがある。

こうしたセグメントの中で、さらに多くの事業会社が連なっている。

中でもプリンスホテルは西武鉄道と同格のポジションにある。

以前はプリンスホテルという単一ブランドであったが、現在ではグレード別に再構築されており、それを上位から示すと次のとおりだ。ザ・プリンス、グランドプリンスホテル、プリンスホテル。プリンス系ホテルは所有主体、経営主体、運営主体が複雑に入り組んでいた。

大別すると、コクド系、西武鉄道系、関連子会社系に分けることができ、プリンスホテルが所有するホテルは、サンシャインシティプリンスホテルの建物だけであった。

プリンスホテルの主要業務はホテル

▶正式名称は西武プリンスドームといい、埼玉西武ライオンズのホームグラウンドだ。

◀西武鉄道が所有する商業ビルで、フィットネスクラブなどが入る。

▲練馬区にあるとしまえん。室町時代に築城された豊島氏の練馬城址を中心に造園。その名が名称の由来となっている。

のオペレーションに特化していたのである。つまりホテル運営会社である。

そもそも西武グループは鉄道会社がホテル・観光事業へ進出したわけではない。実際はその逆であった。このため西武グループにおけるホテル・観光事業の存在は今でも大きい。西武ホールディングスの2014年3月期決算で示すと、その収益構成における部門ごとの売上高比率は、交通・沿線事業が31パーセントであることに対して、ホテル・レジャー部門が34パーセントを占めている（海外事業を加えると37パーセント）。

土地に執着した堤康次郎

西武グループの始祖は武蔵野鉄道だと考えられがちだが、これはいわば表向きの形式論であり、その始祖は1917年に設立された沓掛《くつかけ》遊園地にある。さらに千ヶ滝遊園地に資金を集約したうえで（一種の不動産投資信託にあたると考えられる）、合併・清算により、1920年に設立の箱根土地へ資本を注入したことで、その基本を固めることができたのである。これを実行したのが堤康次郎だ。

その堤康次郎の箱根土地が1925

▲池袋のランドマークサンシャインシティ内にあるホテル。（写真左）

▶西武新宿線の真上に建つホテル。8階まではファッション専門店・新宿ぺぺが入る。

年に小平学園都市を、翌年に国立大学町の分譲を開始。さらに大泉学園都市の分譲にあたり武蔵野鉄道に食指を動かし、同社の株式を買収。このことで堤の箱根土地は武蔵野鉄道の大株主となっている。

　結論先行で記すと、この一件がもとでその後の西武グループの骨格ができた。

　そもそも論で言えば「西武」という名称が堤系資本に登場するのは実に戦後のことであり、それは1945年9月22日に武蔵野鉄道が旧西武鉄道を合併したことによる。西武という名称がはじめて登場したのは1921年8月に設立された西武軌道だが、この時点で同社と堤とはなんらの接点を有しない。

　箱根土地の経営者、堤康次郎の本業は不動産分譲事業であり、軽井沢、箱根での別荘地開発などのほか、東京都内においても不動産分譲を手広く実施している。

　都内にあるプリンスホテルの中で、高輪、麻布（現存せず）、東京、赤坂（再開発中。2016年完成予定）、新高輪、さくらタワー、品川の各ホテルの敷地が旧皇族、旧華族の邸地であることは比較的よく知られているが、これだけではない。

　他は宅地として分割し、分譲してしまったため今は知る人も少ないだろう。

　堤康次郎（箱根土地）が買収し、分譲した邸地のいくつかを紹介しておく。

　阿部伯爵邸（文京区西片1丁目）5万7203坪。グリーンホテルへ転用後に売却。

　細川侯爵邸（文京区目白台1丁目）2万1531坪。旅館細川へ転用後に売却。

　松平伯爵邸（新宿区南元町）6228坪。旅館松平へ転用後に売却。

　鷹司公爵邸→藤田男爵邸（港区南麻布3丁目）2587坪。ホテル藤→麻布プリンスホテルへ転用後に等価交換。

　朝香宮邸（港区白金台5丁目）1万1460坪。白金迎賓館へ転用後に売却。

　井上馨邸（港区元麻布3丁目）1万346坪のうち3000坪を買収。後に売却。

　伊達侯爵邸（品川区北品川3丁目）3847坪。旅館伊達へ転用後に売却。

　このほかにもいくつかある。いかに堤康次郎という経営者が土地に執着していたかが、こうした行動からわかるだろう。

　晩年の堤は後継者に決めていた三男

ザ・プリンスパークタワー東京

▲2005年には、芝ゴルフ場跡地に「ザ・プリンス パークタワー東京」が開業した。

麻布プリンスホテル跡

◀現在フィンランド大使館になっている場所には旧藤田邸・旧鷹司邸を利用した麻布プリンスホテルがあった。

の義明に「土地は充分に買ってあるから、もう買わなくていい」と言ったという。

いま都心にあるプリンスホテルが建つ土地は戦後に堤康次郎が手に入れたものだが、こうした資産が土地本位制の戦後において西武グループを他の大手民鉄とくらべて有利に導いたのである。

日本が土地本位制へ傾いた歴史は意外に浅く、昭和30年代以降だ。堤康次郎が次々と土地を買収していた頃は、まだ土地を資産として着目する人は、ほとんどいなかった。

彼が土地の値上りを予測していたという人は多いが、そうとは思えない。おそらく本能的に土地に執着した結果だと私は見ている。

それは農耕民族の血が濃く出たためだろう。あるいは上京する時に先祖伝来の土地を換金したことへの贖罪の念が彼をそうしたのかもしれない。

実に巧妙な手段で土地を買い漁った。

ホテル建設で見せる複雑な事情

グランドプリンスホテル新高輪が建つ土地は、旧北白川宮家から買収したが、その入手方法など芸術的といえる

品川プリンスホテル

▲旧毛利元道公爵邸跡地に開業した。温水プール、スケート場やボウリング場、テニスコートなどのエンターテイメント施設も充実している。手前はイーストタワー。

▲品川プリンスの39階建てのメインタワーと32階建てのアネックスタワー。

ほどのトリックが隠されている。

旧北白川宮家が所有する土地、約4万平方メートルは1953年7月24日に買収したが、北白川家から西武鉄道への所有権移転登記がおこなわれたのは、1979年11月13日のことであった。新高輪プリンスホテル（当時）建設工事着工が翌年4月であり、わずか5ケ月前の所有権移転登記である。約26年もの間なぜ放置されたままだったのか。それには訳があり、ここが巧妙なトリックなのである。この土地の売買契約書によると売主は北白川家執事長・水戸部孚《まこと》、買主は西武鉄道代表取締役・小島正治郎（小島は堤康次郎の長女、淑子《しゅくこ》の夫）、保証人は堤康次郎とある。

売買金額は坪単価8000円。売買坪数1万2000坪。支払い条件は契約締結時に500万円、中間支払金が1000万円とあり残金については年10パーセントの利息を支払うことで残金の支払いを猶予するとある。

ただし付帯条件が付された項目があり、それによると「現在、北白川家に関係せる職員の就職について乙（小島正治郎）並びに、乙の関係会社等に採用を考慮する」（原文のママ）とある。

支払い猶予期間中の26年間に土地は値上がりしており、坪単価8000円の土地が300万円になっていた。

なぜ26年もの間、所有権移転登記がおこなわれなかったのかだが、北白川家が1万2000坪の土地を西武鉄道へ売却した事実を明かせない、知られてはならない事情があったからである。

グランドプリンスホテル新高輪（旧・新高輪プリンスホテル）が建っている土地に接する4191坪の土地には以前、衆議院議長公邸が1946年に永田町へ移転するまで建っていた。この建物は北白川家が所有していた物だが

グランドプリンスホテル高輪

▲高輪地区で最初に開業したプリンスホテル。

グランドプリンスホテル新高輪

◀グランドプリンスホテル新高輪
高輪ゴルフセンターの跡地に、国際館パミールは北白川宮邸跡に建つ。

1947年7月24日に地上権を含めて衆議院へ移っているが、土地も売ることにした。1950年12月28日に2000坪、1952年3月31日に2191坪が売却されている。

北白川家が高輪に所有していた土地は全部で1万6133坪だから、まだ1万1942坪が残っている。この約1万2000坪の土地を買収したのが堤康次郎（西武鉄道）だ。

北白川家が、この約1万2000坪の土地を西武鉄道に売却した事実を、なぜ明かせなかったのかは次のとおりである。

それは西武鉄道に売った事がバレると、ある目論見が崩れるからだ。

北白川家代表として執事長の水戸部孚が、衆議院事務総長の大池真に、ある陳述書を送付しており、その内容をダイジェストすると次の内容である。

衆議院へ売却した4191坪を買いもどして、残る1万1942坪と一団の土地に復したいというのである。が、しかし妙な話だ。というのは水戸部が、この陳述書を大池へ送る約2ケ月前に、残りの1万1942坪をすでに西武鉄道に売却しているからだ。

実は西武に売却した約1万2000坪のうちの約7000坪には衆議院の

▲グランドプリンスホテル高輪の隣にたたずむ旧竹田宮邸。1911年に竣工された
ネオ・バロック様式の宮殿で、現在ではウェディングセレモニーなどで使われる。

▲当時の商号は池袋地下道駐車場株式会社といい、地下街と駐車場を経営する。

借地権が設定されていた。これを解除する必要がある。

約1万2000坪を西武鉄道へ売却した事実を極秘にして北白川家の所有地だと偽装すれば水戸部が大池に送った陳情書でいうところの「一団の土地として当家で保存したい」との筋が通る。

しかし西武鉄道が所有権移転登記を実行したら、この陳情は成り立たない。堤と水戸部の間に密約があったから成立したストーリーである。

大池から水戸部への返信では、土地を返却すると記されており、借地権が解かれることになった。ちょっと出来すぎた話だが、これには後日談がある。

大池真は1955年に衆議院事務総長を辞めたが、その4年後に西武系の池袋地下道駐車場取締役に、1965年に同代表取締役に就任している。

高輪の土地約1万2000坪は、北白川家所有を装うためか、資本金500万円で高輪ゴルフセンターを設立。登記簿上での会社の目的は、その筆頭項目として北白川家所有不動産の管理及び運用と記してあった。

西武鉄道が件《くだん》の土地に新高輪プリンスホテルを建設したのは、水戸部孚が94歳で他界後のことである。

ちなみに、この約1万2000坪の土地の価格だが1953年で約1億円だったそうだが、1979年の所有権移転登記の時の評価額は300億円だったと記憶している。

ところで古い話なのだが高輪プリンスホテルの奥に赤レンガ造りの洋館があり、その洋館の2階に北白川家の人が確か住んでいたと思うが、その人が北白川房子だったのかもしれない。彼女は北白川家第3代当主、北白川宮成久の妻である。よくおぼえていないが、もう40年ぐらい前に他界したと思う。

東京都庭園美術館

▲国立自然教育園に隣接した1933年築の朝香宮邸を利用した美術館。外観は鉄筋コンクリート造でシンプルだが、内装は当時流行のアールデコ様式の洒落たものとなっている。

まだ私が子供の頃だった。その洋館の1階は当時スモーガスボードに使っていたはずである。

竹田宮も高輪プリンスホテルへのアプローチウエイの右側の戸建て住宅に住んでいたが、その場所はかつて竹田宮家の馬場があった所だそうだ。

西武にはこのように旧皇族にゆかりがある建物が多いのだが、現存する物は前記した物のほか、グランドプリンスホテル高輪のバンケットルームとして使われている旧竹田宮邸の洋館と、グランドプリンスホテル赤坂の旧館がある。その洋館はもともとは伏見宮邦家の子、載仁《ことひと》の異母兄にあたる北白川宮能久《よしひさ》邸があった場所で、後年になり李王《りおう》家の邸地となるが、その時に建てた英国チューダー様式の洋館がある。

東京都へ売却し今は東京都庭園美術館になっている港区白金台の建物は、朝香宮鳩彦《やすひこ》邸で、このアールデコ様式の洋館は吉田茂に好まれ公邸として居住していた。

吉田は国にこれを買収させたかったらしいが、1950年10月に朝香鳩彦は国土計画興業（当時）へ売却。

この件では吉田茂の気嫌を大いに損ねたらしい。この建物は所有権移転後も1974年まで白金迎賓館として国が使用していた。迎賓館が赤坂へ移転後、この土地に白金プリンスホテルを建てる予定でいたが周辺住民の猛反対があり実現せず、東京都へ売却した。

もともと西武グループの本流は不動産・観光事業なので、こうした土地をめぐるエピソードが多いが、そのほとんどが表に出ていない話で占められている。

他力本願なブランド戦略

西武の不動産事業の特徴は既存の不動産を、とくに付加価値が付きそうな物件を買収する点にある。大規模開発はリゾートが中心であり、ここが東急グループと異なる点だ。

都内の池田山、島津山、西郷山などの住宅地は箱根土地が分譲した場所である。

国立大学町、目白文化村もそうだが意外と知らない人が少なくない。

渋谷の百軒店《ひゃっけんだな》も堤が造っている。百軒店は中川伯爵邸があった場所で、1923年5月に買収。住宅地として分譲する予定でいたが同年9月1日に発生した関東大震災で計画を変更して、老舗を誘致した。

銀座から、資生堂、天賞堂、山野楽

▶岡山藩主池田家の下屋敷を東京電力社長邸、荏原青果社長邸を経て品川区が購入。この辺りは大正時代から住宅地開発がおこなわれていた。

◀▲聖心女子大学がある高級住宅街。この辺りには松平陸奥守の下屋敷があり、その後島津侯爵の手に移る。

器が出店したそうだ。上野精養軒も出店したが復興とともに引き上げてしまった。

西武の街づくりは東急のような華やかさに欠けている。イメージづくりが弱い。

自らのブランドを創造するのではなく、既存のブランド力をあてにしているようだ。

例えば鎌倉。ここに多くの住宅を建て、分譲している。東急が田園調布や多摩田園都市を創造したのと好対照である。

西武はディベロッパー型の大手民鉄グループだが、それは不動産重視型ディベロッパーであり電鉄ディベロッパーとは、かなりその性格が異なっており、東急や阪急にみられる沿線開発型ではないと前章で記したとおりである。ただ、ある面において西武もまたブランド志向が強い社風といえよう。

ホテル経営ではロイヤルブランドをフルに活用したし、住宅地開発では鎌倉に着目するなど、そうしたところが多々みられる。

鎌倉のケースは戦時中に土地を入手していたという布石があるのだが、そこを足がかりにして戦後の高度経済成長期に勢力を拡大しており、三菱地所、

▲西郷隆盛の実弟・西郷従道の別邸の一部を公園として整備。この辺りは西郷山とよばれ、戦前から宅地分譲がおこなわれていた。

▶鎌倉プリンスに隣接する、七里ガ浜駅から山の中腹にかけての団地は西武が開発した。（国土地理院提供）

野村不動産とあわせて西武鉄道は「鎌倉御三家」とよばれた。

電鉄型ディベロッパーの場合の定石として自社沿線の開発をある程度完成させてから沿線外へ進出する。西武はこの限りではなく、それはいかにも不動産企業的である。

こうした社風に対して昭和30年代を中心に、沿線住民から西武はラッシュ輸送対策に資金を投じず他所で開発ばかりやっているとの批判が続出した。しかし西武鉄道はその当時から通勤通学輸送に熱心な民鉄であり、住人の感情論が住民パワーブームの波に乗り先行していたようだ。

この住民パワーの発信基地が西武沿線に数多く建てられた団地自治会である。

運賃の値上げに対する反対運動が激しく、他社沿線では見かけないデモ行進などがおこなわれていたのである。時代の潮流として出現したムーブメントであった。

こうした点に同じ民鉄沿線といっても東急沿線などとの相違がみられた。ある鉄道コメンテーターがおもしろいことを言っていた。その彼の言によると話はこうである。東急沿線住民の多くは東急沿線に住みたくて住んでいるから東急にシンパシーを抱いている。だから東急との一体感が醸成され不満が出ないが、西武沿線住民のケースでは事情が違い、西武沿線にたまたま住んでいる人たちが多い。だから西武との一体感など生まれず時として対立の構図が発生するというのだ。私はなるほどと思った。

言い得て妙な指摘である。

確かに西武沿線は東急沿線にみられるブランド力が弱いからだ。それは前記のとおり西武自身が長年にわたり自社沿線に付加価値を付けてこなかった結果である。

そもそも民鉄経営者として名がある人物は自社沿線に居住する例が多く、東急の五島慶太は代官山→上野毛に住み、阪急の小林一三も宝塚線の池田に住んでいた。

そうでない例は西武の堤康次郎と東武の根津嘉一郎。堤は麻布、根津は南青山に住んでおり自社の沿線に居を構えていない。

堤は下落合に暮らした時期があるので、まったく自社沿線に無縁ではないが、しかし彼が下落合に住んでいた頃の西武新宿線（当時の村山線）は、まだ堤傘下企業ではない。

2代目である堤義明も本宅は神奈川

◀1921年に建てられたアトリエが、新宿区によって保存されている。目白文化村の面影を残す数少ない建物だ。

▲目白文化村には高級住宅街が隣接しており、学習院の寮だった日立目白クラブなど当時の雰囲気を残す建物が残る。

▲ドイツの学園都市・ゲッティンゲンをモデルに開発をおこなった。市内の学園都市エリアは文教地区に指定されている。

県の二宮だ。唯一、堤清二が成婚後に久米川で暮らしたことがある。

東武の根津が南青山というのも、よくわかる。東武鉄道の代表だからといって例えば北千住に居を構えるとは思えないからだ。

実は根津も堤も彼らにとっての東武鉄道、西武鉄道は、自分が支配する企業のひとつに過ぎないという感覚に共通点がある。

これに対して東急の五島、阪急の小林は違っていた。彼らにとっての東急や阪急は事業の本丸であったからだ。

自社沿線への愛着度に温度差を感じる。

こうした事も堤康次郎が西武沿線にあまり目が向かなかった遠因のひとつではないだろうか。堤の本丸はあくまでも箱根土地にあった。すると根津は富国生命か?

こうしたアングルから経営者を見るのも、おもしろい。

この章では西武グループについて語ってきたが、同グループを側面から深掘りすることで、その性格を洗い出したいと思い記してみた。企業の裏面史的内容も隠さず表に出したつもりである。いま多くの鉄道書籍が書店にあふれているが、インターネットで知る企業のホームページや鉄道雑誌などでは紹介されない、紹介できない事こそ実は真相に近づく道なのである。

西武グループには謎が多いといわれてきたが、資料の少なさにもその原因がある。

本章では表面的な企業紹介を避けている。

西武鉄道の正史については後章で記すつもりだ。

企業イメージ刷新に力を注ぐ

現在の西武グループは企業再編により他社に近い企業形態へ移行しつつあるが、今日に至るまで、わけても堤康

旧グランドプリンスホテル赤坂

◀2011年まで営業していたグランドプリンスホテル。赤プリの愛称で親しまれた。現在は工事中で、ザ・プリンスギャラリー東京紀尾井町として2016年にオープンする。

次郎時代の西武グループはベールに包まれてきた。

本書では、そのひとつとして北白川家の土地買収のあらましについて前述している。

北白川家のほか朝香家との土地買収交渉は興味深いものがある。戦後における西武グループが、いかにして都心の一等地を手に入れたかの歴史だと言ってもよい。

そこには様々なトリックと仕掛けがあった。さらに時代を遡れば堤康次郎が、どのような手法で箱根土地株式会社の原資を都合したのかという謎がある。

おそらく堤は日本で最初の不動産投資信託を実行した人であろう。その鍵となったのが千ケ滝遊園地の謎めいた存在である。

大正という時代に当時の金額で約2000万円もの資本金を手当てした事も謎とされているが、ここでは前記した不動産投資信託で集めたキャッシュを箱根土地株式会社へ付けかえたのだろう。このあたりの詳細は今までまったく闇の中に隠れていた。

まあ、おおよその見当はつくのだが……。

現代ではとてもできないことだ。

堤康次郎の凄さは、この「錬金術」にある。ある面で私は小佐野賢治と堤康次郎は近似していると思う。

そこが五島慶太、小林一三、根津嘉一郎（先代）と違っている。彼らも個性が強いが、しかし事業の手法はオーソドックスである。

なぜ西武グループが長きにわたって同族会社でありえたのか。

なぜ、わずかな手持ち資金で広大な土地を手に入れることができたのか。

西武グループの原点を考えると、そのことに謎の正体が隠されているように思えてならない。近年に至るまで西武グループの企業イメージには必ずしもクリアーとはいえないものが少なからずあったことも確かである。

そうした過去からの脱却をはかるべく、現経営陣は企業イメージの刷新に力を注いでいるようだ。

長年親しまれてきた西武のロゴを変えたことに、その思いが表れている。

中でもプリンスホテルのイメージ刷新が目立つ。文字のデザインを変え、デザイナーの亀倉雄策に依頼して作った、かつてのプリンスホテルのロゴも国内から消えている。

以前のロゴは明らかに菊の紋章を近代的にデフォルメしたデザインだが、

有栖川清水

▲有栖川清水の入口は地味な作りになっており、周辺の住宅地と同化してわかりにくい。

◀都心にありながら静寂な大人の雰囲気を醸し出す「有栖川清水」。

さらに以前は菊の紋章にそっくりであった。

赤坂プリンスホテルのレストラン「ロベリア」のシルバー類にも、そのロゴが付いていたことを思い出すが、あのホテルで使っていた什器の中には李王家から買い取った物も多いので、まったく菊の紋章そのものだったのかもしれない。

ちなみに「ロベリア」というレストランは相当前にクローズされており、場所を変えて「ル・トリアノン」になっていた。そこは以前、福田赳夫事務所があった場所と記憶している。派閥解消がさけばれた折りに、そこを引き払ったので、レストランにして使っていた。余談だが福田はその後再び赤坂プリンスホテルに事務所を設けたが、旧事務所があった場所はレストランに改装しているため使えず、ホテルの奥にあったプリンスホテルスクールの場所に新しく事務所を開設した。

堤義明は福田赳夫を「お父さん」と呼ぶほど親しかった。

この赤坂プリンスホテル（後のグランドプリンスホテル赤坂）が建っていた敷地を利用して、2016年夏に「東京ガーデンテラス」が開業する。

旧李王邸の洋館は保存される。この洋館の中にあったバー「ナポレオン」はまさに都会の隠れ家的存在でよかった。このバーを待ち合わせ場所に決めていた閣僚級の政治家は何人もいた。

西武はこうした隠れ家的に使える施設を有するので便利である。

その中でも際立っていたのが以前あった麻布プリンスホテル（現在のフィンランド大使館）に隣接する料亭「有栖川清水」だ。

ここは西武グループが発行する施設紹介のガイドブックにも近年まで載せていなかった。道路からだと、その入り口すらもよくわからない。今は一般営業しているようだ。

ある意味、この有栖川清水の存在は以前の西武グループを象徴していたといえよう。

ハワイ島のマウナ・ケア・リゾートにあるハプナ・ビーチ・プリンスホテルの「ハプナ・スイート」も西武グループらしい施設である。

プライベートビーチを有するコテージだが、メンバーシップ制で一般客はオフリミット。西武グループは大衆向けの施設を数多く持っている半面、VIPオンリーというものも多く、そのコントラストが鮮明に表れている点に特徴がある。

西武池袋ターミナル秘話

借地だった池袋駅

民鉄３大ターミナルである東京の渋谷、新宿、池袋。西武鉄道の池袋駅は比較的広いターミナル駅である。

この池袋駅の用地が西武百貨店の用地とともに、実は長い間、国鉄（現在のＪＲ東日本）からの借地であった事実を知る人は多くないだろう。

武蔵野鉄道以来、この土地の所有者は当時の国鉄だった。西武鉄道は通算約 50 年にわたって借地人だったのである。

西武鉄道では池袋駅駅舎と線路用地、西武百貨店を一体化させて、ターミナルの拡張期にあったが、国鉄から借地の返還を通告されたのである。借地契約は 1 年ごとの更新で、それを 50 年間毎年更新していた。

この頃、西武鉄道と国鉄、運輸省との間でちょっとした争いごとがあったので、いやがらせに言ってきたとも考えられる。

ちょうど西武百貨店の増築計画工事が進行中で、地下３階までの土地掘起し工事ならびに地上８階までの鉄骨組み立て工事をおこなっていた矢先の土地返還要求である。

国鉄側はかなり強硬であった。２回も国鉄からの物言いがつき､建設中のビル用に組んだ鉄骨を取り壊したそうだ。1 年契約を盾に土地の返還を求めている。

国鉄はそうこうしているうちに、提訴代理人弁護士が裁判所に仮処分を申請し､その審理が実施されることになる。

これには堤康次郎もおどろいた様子で、急拠法務担当の人物を旅行先からよびもどす。裁判所は西武鉄道と国鉄の双方に対して和解を勧告したが、その内容は次のようなものであった。1. 西武鉄道がおこなっている増築工事の続行は認める。2. 国鉄は該当用地を西武鉄道に売却する。

非常に明快な勧告ではあるが、急な話なので西武鉄道としては買収資金を手当てする必要があり時間的猶予が不可欠である。

泥沼化する交渉

西武鉄道、国鉄とも裁判所が示した案に沿って検討することになったが、その買取り金額が国鉄から提示されておどろいた。

時は 1960 年頃だが、その金額は坪当たり 85 万円を求めてきたのである。これに対して西武鉄道が示した額は坪当たり、なんと８万円。折り合うわけがない。西武鉄道では 50 年も前から借りている土地であり地上権があると主張した。

本音は買収ではなく借地のままで継続使用したかったようだ。経理担当役員をしていた西武グループの金庫番の宮内巌は借地のままで和解に持込みたいと考えていたという。

堤康次郎も坪 85 万円では話にならないと国鉄が提示した金額を突っ挑ねた。

双方平行線でデッドロックに乗り上げたのである。

裁判所がこの状況を見て仲裁に入った。

裁判所が示す案に双方とも応じろという。

この間にも増築工事は進行しており、完成一歩手前という状況である。

国鉄側は西武鉄道による増築工事が完成してしまうと不利だと思ったのだろう。再度の仮処分申請を裁判所に出した。

こうした泥沼状態の中で裁判所が和解案を提示してきたのである。それは坪当たり 22 万円で西武鉄道は国鉄から用地を買い取れという内容であった。この和解案に国鉄は応じてみせたが堤が納得しない。永代借地権、地上権があると一歩も引こうとはせずに、坪当たり 10 万円が限度だと言って担当役員を相当困らせたらしい。

法務担当者が必死に堤を説得しても坪当たり 15 万円という数字を引き出すのが精一杯の様子である。こんな状態が 10 日前後続いていたが、ついに裁判所が業を煮やして刻限を切る。その時までに和解ができなければ裁判所としては国鉄が申請した仮処分を出すという。こうなると事は重大だ。その仮処分の内容が工事の差し止めで済めばともかく、場合によっては建物を撤去せよという可能性をはらんでいるからだ。

だが堤は坪当たり 18 万円という数字を言っていたという。

結局この件は最終的に、堤清二が父親の康次郎を説得して、坪当たり 22 万円で結着し、国鉄から当該用地を買い取ることで和解が成立したのだった。

西武池袋線の池袋ターミナル駅と西武百貨店の用地に秘められたエピソードである。

もしも清二の説得が失敗していたなら、今の西武池袋ターミナルと西武百貨店池袋本店は無かったかもしれない。

あのウナギの寝床のような細長いビルは、そうして増築に増築を重ねて誕生したのである。

▶JR池袋駅に沿って建つ西武池袋駅と西武百貨店。

拝島線と小河内ダム

幻の秩父回遊コース

拝島線が全通したのは1968年5月だが、この線にはある思いが込められていた。

それは終点の拝島から先、青梅線へ乗り入れ奥多摩へ、さらに小河内ダムサイトまで伸びている、ダム建設時に使用された奥多摩専用線を活用して小河内ダムへ。そこから自動車専用道路を建設して雲取山から三峰へ抜け、秩父へという回遊コースを堤康次郎は考えていた。西武秩父線へ結ぶ周回コースである。

古い記憶なので正確さを欠くかもしれないが、実はこの計画の前に自動車専用道路ではなく鉄道を通す青写真を見たおぼえがある。

そのルートは確か奥多摩湖のあたりから山越えして秩父鉄道の浦山口へ出る計画があったはずだ。しかし鉄道では難しいことがわかり自動車専用道路案が浮上したと思う。

この奥多摩専用線は西武鉄道が保有していたが、青梅線への乗り入れが実現できず遊休資産化していた。

この線の譲渡を奥多摩工業から求められて譲渡した。これによって幻の秩父回遊コースになってしまった。

拝島線建設の目的は、堤康次郎が構想した秩父回遊コースの一部として建設したものである。

もし実現していたら、おもしろかったと思う。

奥多摩専用線は遺構となってしまった。

なお奥多摩工業というのは、石灰石の砕石業者のことである。

拝島線の開業と西武秩父線のそれとは、ほぼ同時期であり、回遊コース計画の信憑性を裏書きしているといえよう。

ところで西武秩父線の軽井沢への延長という噂は昔からあるようだが、これは地元の希望にすぎない。

以前この件について堤義明が言っていた。

「私はね、いつも言ってるんです。いずれ北陸新幹線ができるでしょう。国鉄(筆者注:現、JR東日本)の計画がはっきりしているんですから、そんな予定はないですよ」と。私もそう思ったが土台ムリな話だ。

この話は1981年にまとめられた新秩父広域市町村圏振興計画の中に希望として提唱された話がひとり歩きしたのだろう。

堤は「軽井沢といえば西武というイメージがありますからね」と続けた。

もう30年近く昔の記憶である。

いま現在では北陸新幹線があるので、堤が言ったように西武秩父線の延長をおこなっていたら、お荷物になっていただろう。

私も秩父～軽井沢間のルートを想定してみたことがあるが、10000メートル級のトンネルを3本以上掘ることになり、採算が合わない事がわかった。

▲小河内ダムの建設用資材輸送用に東京都水道局が敷設・管理した東京都専用線小河内線。ダム竣工後は西武鉄道へ譲渡され、さらに奥多摩工業へ譲渡された。

西武鉄道の車両

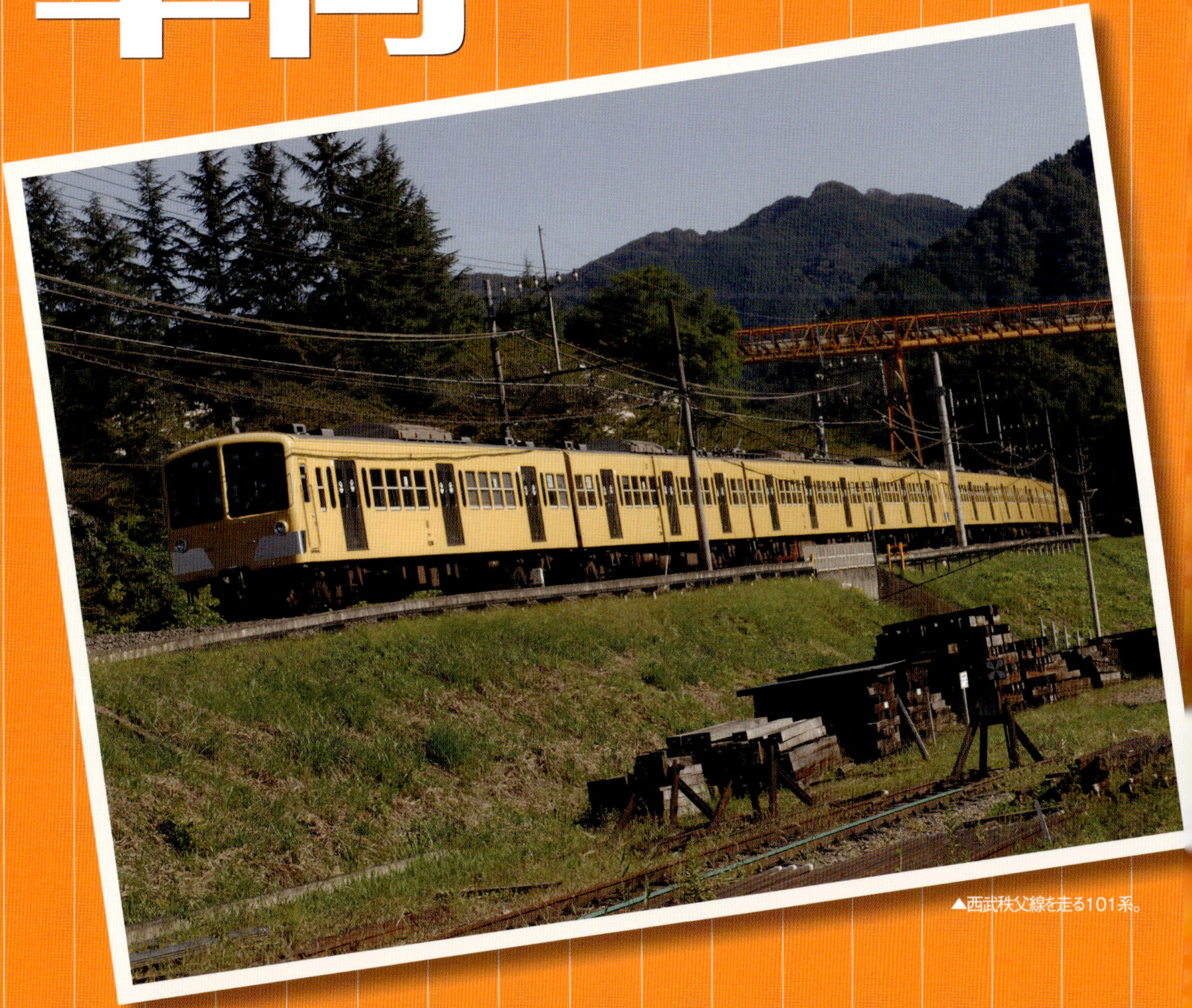

▲西武秩父線を走る101系。

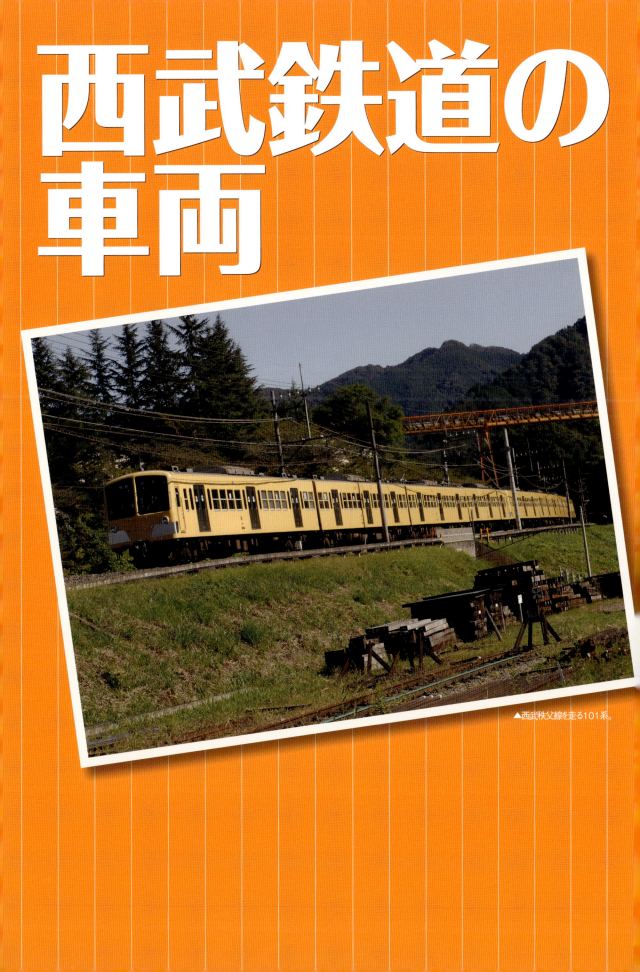

▲手前から20000系、旧101系、101系、10000系。

中古部品を巧妙に再利用

大手民鉄の一員として戦後急成長を遂げた西武鉄道の車両史は他社と異なり独自の手法で通勤通学輸送に対応してきた。

とくにそれは1969年の西武秩父線開業以前に顕著であった。西武鉄道では同年まで実は純正な新造車両を造っていない。純正なとは、すなわちまったく再使用部品を使用しないという意味である。

西武鉄道における純正新造車両は101系および初代レッドアロー5000系が最初であり、1967年に登場した801系も細部を見ると中古部品を流用して造られた。外観上は701系のクハ1701形のように古いイコライザー台車（TR11A）などを用いず、空気バネ台車（FS067）を用いたのでわからないが、ブレーキ弁やマスコンなどは中古品が使用されていた。

車体の近代化は1959年に登場した451系のクモハ451形で達成され、両開き扉を備えた全金属製車体となり、車体だけ見るとまるで高性能カルダン車のようだが、下まわりは旧性

能車そのものである。西武鉄道にはじめて多段式主制御器を用いたカルダン車が登場したのは６０１系からであるが、厳密に言えば６０１系、７０１系、８０１系は高性能車とは呼べない。６０１系、７０１系のクハに中古台車を使用していたからだが、それ以上にブレーキ装置が自動空気ブレーキという点からだ。

電気ブレーキを持たない高性能車は他社にも登場しており、東武８０００系、相鉄６０００系などがあるが、これらは電磁直通ブレーキを用いた点で西武と異なる。

西武鉄道ではすべての車両（電車）を混結可能とするために自動空気ブレーキに統一していた。半面で電連付き密連の使用は他社より早かった。

ひとくちで言えば「質より量」の車両増備をおこない大量輸送に対応していたのである。技術的先進性は皆無といってもよく、あえて新技術をあげるとＳＴ式ベルト駆動扉がある。ＳＴとはＳｅｉｂｕ Ｔｏｋｏｒｏｚａｗａを表すが、これは西武が特許を持っていた。このような例外といえるものはあるが、西武鉄道ほど中古部品を巧妙に再利用して、大量に車両を造った大手民鉄はほかにない。

▲旧レッドアロー 5000系とニューレッドアロー 10000系。

口の悪い鉄道ファンは、西武鉄道はガラクタを寄せ集めて車両を増備して大手民鉄の仲間入りを果たしたと酷評する人もいた。

ひどい言われ方だが一面真理を突いている。俗に「赤電」とよばれた車両たちに共通する事象である。ディープラズベリーとウォームグレイのツートンカラーの車両を「赤電」という。801系までが、この赤電だ。

西武の車両は基本的に外部の車両メーカーで造られたものではなく、所沢にあった車両工場で自社製造していた。

国鉄、古くは陸軍鉄道連隊から大量の払い下げ品を入手し、こうした手持品を主体にして車両が造られた。車両製造費を徹底的に抑制する手法が西武鉄道の特徴だったのである。こうした点も東急とは正反対といえよう。

旧式車両が百鬼夜行する西武、新技術の展示場と化した東急といった感じである。

西武の保守性と東急の先進性とをベストミックスしたのが小田急だと思う。

なぜ西武鉄道が中古品を寄せ集めて車両を造っていたのか。その謎解きをしよう。

武蔵野鉄道の経営再建をし、西武鉄道を創設した経営者・堤康次郎は車両製作に対してなかなか承認印を押さなかったという。これには担当者も困ったそうだ。堤は徹底的に経費を抑えていた。経営資金の配分を重点的に土地の取得費へ当てるためである。堤清二も言っていたことだが西武百貨店の売上金を土地の買収費用にまわすので困ったと。

これと同じことを西武鉄道でもおこなったと思える。堤康次郎にとって土地がすべてであったからだ。

某大手民鉄で車両部長の重職をされた方の話によると、民鉄車両部の会合の席で西武鉄道の関係者の発言がないので訊ねてみると、その関係者は「私たちは上が決めたことをやるだけ」と答えたという。

当時、それは堤康次郎が他界する1964年までだが、西武鉄道の一切を堤が決めていたことがよくわかる発言である。彼は701系のクハ1701形の台車に古いTR11A台車が使用されているのを見て、大いによろこんでいたそうだ。

こうした康次郎イズムが西武鉄道を支配しており、社長の小島正治郎は異論など発しない性格の人である。

このような西武鉄道固有の文化の上に西武鉄道の車両が造られた。

▲西武秩父線開業に合わせて登場した3ドアの通勤車両の旧101系。

◀アルミ車（左）と副都心線対応改造済ステンレス車（右）の6000系。

「質より量」の社風で生まれた車両

こうした空気が変化を見せたのが堤義明の代になってからである。彼は鉄道事業に関心がなかったため、西武鉄道の実務とくに技術系のことは国鉄や運輸省から人をスカウトして経営していた。これによって西武鉄道もようやく他社と互角の車両が登場するようになる。

確かに西武鉄道の車両近代化は他社にくらべて周回おくれであった。

ただ、輸送力という面では遜色なく1963年に民鉄初の10両編成を走らせている。といっても4両編成や2両編成を3重連にした10両編成であった。まさに異形式車両を混結した「百鬼夜行」である。

こうした姿は昭和40年代以降も続く。小田急や京急も混結が多いが編成美は損ねていなかった。そこが西武鉄道との相違である。とにかく物理的に大量輸送できれば、それでよしと考えたのが西武鉄道であった。

ゆえに「質より量」の西武といわれていたのである。

その当時の西武鉄道は足がおそい事で知られており、ノッチもパラ止めが

▲最新鋭の通勤車両30000系。

▲近江鉄道で活躍する元401系。

普通であり滅多に弱め界磁へ進段させない走りであった。

惰行で流す走りである。ひとつには車両性能の低さに原因があった。

101系が登場したとき、マスコンを4ノッチへ入れると、ぐんぐんと加速したおどろきが忘れられない。

801系までの赤電とは大違いである。

現在の車両はすべて他社と互角の内容であるが、そうなってみると赤電たちがなつかしく感じられる。

さらに古くはチョコレートとイエローという昔がある。私の世代では赤電からしか記憶がないのだが。

その赤電の多くが高性能車へ改造されて、ブレーキ装置のHSC化、空気バネ台車への交換（除くモハ801形、モハ701形、モハ601形）、そして集中クーラーを載せて「黄電」へ化け一生を終えた。

他社へ譲渡された車両も多い。

いまはもう見ることができない、701系で確立したあの「西武フェース」がなつかしい。バスのような行先方向幕、ステンレス保護板など、ある時代の西武鉄道を象徴していた。鉄道ファンの中には西武鉄道の車両を目にして、ケラケラと大笑いした人もいたが、それがスマートな車体と古いイコライザー台車との不思議なコラボレーションであった。京王5100系の一部の車輪にスポーク車輪を発見しておどろいたことがあるが、西武701系などが見せたアンバランスの美学?は、そんな生やさしいものではなかったのである。

20メートル、3扉という車体も民鉄ではめずらしい。数々の西武鉄道の個性が年々消えていった。

そして、いま30000系スマイルトレインが新しい時代へ向けて走り出したのである。

西武 101系

▲西武秩父線開業に合わせて山岳路線を走行するための高出力、高ブレーキ性能の車両として登場。

西武鉄道初の純正新造車両

西武秩父線の開業に合わせて登場した車両が、この101系であり山岳勾配区間にそなえて150kw高出力主電動機（HS836Nrb、TDK8010A）を用い、ブレーキ装置には抑速機能を有する発電ブレーキと連動する電磁直通ブレーキ（HSC-D）が西武初採用となった。このため従来の自動空気ブレーキ車との連結ができないため、誤扱い防止をはかるべく車体色を変更。乗務員室もグリーン系の内装へ変えた。

外塗はレモンイエローとウォームグレイとしており、これは山の緑とのコントラストを考えて採用したカラーリングである。

オリジナルの101系のスタイルは801系と同一であるが、現在残っているグループは101 N系とよばれる前面デザインを変更した車両のみとなっている。

台車はその後大量に使用されることになった車体直結式スミライド空気バネを持つペデスタル台車（FS372、FS072）で、クハ、モハともに同系列の台車は西武鉄道初のことである。非常に乗り心地のよい台車であり、メンテナンスもおこないやすい。

101系は山岳勾配線区に適した性能を持つが、現在では主力戦力から離脱しており、おもに支線区でワンマン運行をおこなっている。西武鉄道初の純正新造車両であり同社の近代化に貢献した。

20メートル車体、3扉という西武固有のスタイルを有する現役最後の系列である。

登場時は西武鉄道に新風を吹き込んだ101系も廃車が進み、2015年4月現在で、その両数は40両を残すのみとなっている。

101系の機器構成はM1+M2の2両1ユニットである。なお263～266はオールM編成を組み電機代用として使用されることもあり、263編成はレモンイエロー、他はホワイトに塗られている。

使用線区は多摩川線と多摩湖線なので本来の性能を持て余している。かつての西武鉄道では考えられないゼイタクな使用法である。

形式はクハ1101形とモハ101形、クモハ101形の3形式。

この101系から発電ブレーキ、HSC制動、応荷重可変装置および扉再開閉スイッチを採用している。101系の歯車比は高トルクを得るため5.73と大きく、定格引張力4680キログラム。定格速度はその割に速く45.6キロであり、釣り合い速度は108キロである。

なお101系の走行機器は4000系、10000系で再使用されている。

9000系へも機器を供出したが、9000系は後にVVVFインバータ制御へ改造された。側扉をステンレス製無塗装とした最初が、この101系である。301系は101系と同一であり、その違いは固定編成両数のみである。

西武 2000系

▲各駅停車の乗降時分短縮のために登場した西武初の両開き4ドア車。

西武鉄道を脱皮させ新境地を開かせた車両

1977年に新宿線に登場した20メートル、4扉車であり当初は各停専用であった。西武鉄道久々の4扉であり、初代401系以来のことになる。

2000系は全電気指令式電磁直通空気ブレーキ（HRD-1R）、電力回生ブレーキ、界磁チョッパ制御など、ひと通りの標準的性能（機構）を備えてデビューしているが、その一方で保守的な部分も少なくない。

それは車体設計や台車に表れている。

車体は鋼製であり、台車は細部を除き101系と同じである。複巻電動機のため台車のモーター取り付座の変更をおこなった。

平坦区間用のため主電動機出力を130kwへ減格した。車体形状は大別してオリジナル系と、N系があり、神経質に眺めると窓寸法の変更などがおこなわれている。また2段窓を1枚下降窓へ変更した。オリジナル系とN系は性能が同じなので同一形式が与えられており、400両を超すので西武鉄道の「顔」になったといってもよい。池袋線系にも当然存在する。デビュー当時の用途区分が崩れた。その存在はまさに汎用車となっている。2000系は、はじめからレモンイエロー1色で登場した。

この2000系で使用している主制御器（MMC-HTR-20）と主電動機（HS835、TDK8030）は東急8000系とほぼ同じものである。但し2000系はワンハンドルコントローラーではない。

4扉車の威力はラッシュ時に効果大であることから西武鉄道でも以後普及することになるが、3扉車への未練を捨て切れず3000系（現存せず）が登場した。

西武鉄道の車両は、ごく一部の例外を除くと、それまですべて所沢車両工場製だったが2000系から一部を外注しており東急車輛製が登場している。

しかし東急車輌（現在の総合車両製作所）への発注は後述する6000系ステンレス車で打ち止めされ、外注先を日立製作所へ変更した。この件について某電装品メーカーの人から耳にしたが、東急サイドの事情によるとのことである。6000系が途中からアルミ合金製になった真の理由がここに隠されているようだ。

現在、西武鉄道では車両の自社製造をやめており日立へ外注している。

2000系は両数が多いので当分の間、現役を続けそうだ。

しかし電動カム軸式主制御器の保守作業や部品確保がネックになるうえ、実は複巻電動機の他励界磁制御ゆえの泣き所もあり、引退へ向けて加速すると思われる。

2000系は西武鉄道を脱皮させた車両だといえよう。あらゆる面で新境地をひらいた功績は大きい。

西武 9000系

▲VVVF車に生まれかわった9000系。

所沢車両工場製、最後の車両

101系の機器と台車を用いて、2000N系の車体を載せ1993年に登場した10両固定編成車が、この9000系であり池袋線に投入されている。2005年からVVVFインバータ制御へ改造されており、内容を一新しているが、台車、ブレーキ装置は旧来のままで使用している。9000系は所沢車両工場製の最終車両となった。

既存車両のVVVFインバータ制御への改造という点は小田急8000系、京王7000系も同じだが、この9000系は101系が母体のため再度の改造になる。

台車はともかく、ブレーキ装置がHSC-Rという点がおしい。低圧補助電源装置はSIV（SVH150-493A）を新造し、電動空気圧縮機もHS20-4となっている。主電動機出力は135kw（EFO-K60）、VVVFインバータ装置はVFI-HR1815Dで、歯車比の5.73は改造前と同じである。駆動装置を再使用したためと思われる。当初のデビューが1993年と比較的新しいが鋼製車体であり、このことは10000系についても同じだが、製造コストを抑えた設計にその特徴がある。

西武鉄道では戦後一貫して所沢車両工場で電車を製造していたが、同工場は大手車両メーカーとくらべて、その生産能力が低いため人件費や施設費を考えると外注したほうが、むしろ得策である。こうした点から堤義明会長（当時）が外注化を推進させた。保守部門に特化させて、その機能を武蔵ケ丘へ移転している。所沢車両工場は復興社にはじまり、西武建設を経て西武鉄道へ移管した施設であった。もともとは陸軍が保有していた土地を払い下げてもらったものである。

この点は東急車輛製造と変わりはないが、所沢車両工場は最後まで車両メーカーとして衛星的存在であった。

同様の例として東武鉄道傘下の津覇車輛や京成電鉄傘下の大栄車輌がある。

西武鉄道では武蔵ケ丘車両検修場での業務の一部を西武車両として別会社化をおこなったが、後に西武鉄道が吸収合併した。

9000系は、ある意味において西武鉄道文化のモニュメントなのかもしれない。

台車をはじめとして主要部材のタライまわしがみられるからだ。

西武カラーとして定着したレモンイエローだが、このカラーリングは9000系にも2000系同様にフィットしているといえるのではないだろうか。

ステンレス製扉との対比が美しい。

2015年4月現在で、8編成計80両が在籍している。

▲東京メトロ有楽町線との相互直通運転対応車として製造。

西武鉄道初のオールステンレス車

この車両は地下鉄乗り入れ仕様に基づく設計で製造したもので、1992年に登場しており西武鉄道初のオールステンレス車（後にアルミ合金車が登場）となった。

また量産車にVVVFインバータ制御およびボルスタレス台車を用いた最初のグループである。その車体前面デザインは営団地下鉄（後の東京メトロ）6000系に端を発する左右非対称としており異彩を放ったが、デザインとしてはよくまとめてあるものの西武鉄道としてのオリジナリティーに多少欠けている。ステンレスのツヤ消し加工を施していないため特有のギラつきを感じる結果を生んだ。ライオンズブルーとホワイトストライプの外観でクールに仕上げており、車内もブルーの座席モケットで寒色系インテリアである。

この6000系が登場した頃は民鉄各社の多くが暖色系内装を採用する流れの中で、寒色系仕上げとした点がめずらしかった。

10両固定編成を組む6M4T構成であり、主電動機出力は155kw（HS32534-03RB）、台車は緩衝ゴム支持式ペデスタルのSS125系とモノリンク支持のSS150系がある。VVVFインバータ装置（VFG-HR1820B）はGTOサイリスタで4500V-3600A。定すべり制御という点が時代を感じさせる。1ユニットは1C8M構成だ。

ブレーキ装置はHRDA-1Rとなりアナログ変換式のため電力回生との協調性に改善が見られる。

増備途中から車体をステンレスからアルミへ変更したが、これは軽量化をその変更理由としつつも、メーカー（東急車輌製造）とユーザー（西武鉄道）間の事情を無視できない。アルミ合金車ではメーカーが日立製作所へ変更された。アルミ合金車は有塗装車となりライトグレイをベースにライオンズブルーの帯を巻く。

当初計画では西武鉄道は地下鉄有楽町線とのみ相直運行することになっていたが、副都心線が加えられ、それに合わせて6000系はワンハンドルへ改造され、前面をホワイトへ変更した。ただし2015年4月現在において、2編成(玉川上水車両基地所属)のみ、原形のままであり、このシルバーフェイスの6000系はATC未装備である。

細かく見ると6000系の車体は3タイプに分かれるが基本性能は同じだ。

なお6000系の駆動方式はWNドライブを用いた点が西武鉄道の異色で、歯車比を6.31に設定している。WNドライブは剛結合で信頼性が高いのだが、ACモーターではとくに惰行時（無負荷走行）にギアカップリングケースの共振音が耳障りである。

西武 20000系

▲省エネやリサイクルなどを考慮に製造された地球にも人にも優しい車両。

無駄を排除した経済的設計

シンプル＆クリーンを設計コンセプトにして1999年に登場したアルミ合金車で、日立製作所が提唱する通勤型車両標準設計仕様に基づく車両である。その車体はFSW工法を採用しており、これは英国ウエルディング・インスティテュート社によるアルミ攪拌摩擦接合を用いたものである。

東武50000系グループも同じガイドラインに基づいて造られており、その外観は20000系と非常によく似ている。

鉄道車両工業界の流れとして通勤型車両の標準設計仕様化があるが、これは製造コストの削減に効果が大きい。2大潮流として日立製作所による、いわゆる「Aトレイン」と総合車両製作所が東急車輛製造から継承した軽量ステンレス構造がある。

20000系は前者の設計であり、その用途は地上専用（地下鉄相通をしない）のため、6000系のような重装備をしていない。

具体的に示すと、CS-ATC装置、ATO運転対応装置、IR（誘導無線）装置などが不要となり、また故障車1個編成の上り勾配押し上げ運転を考慮する必要がなく、このため編成あたりの出力を多めに設定しなくて済む。

20000系では車両の軽量化も功を奏し、主電動機出力を135kwへ減格している。このモーター（HS32530-03RB）はローターをアルミダイカスト製にして軽量化した。その質量は500kgである。

VVVFインバータ装置はIGBTトランジスタを用いた3ステップ方式で、2000V-400A。インバータ容量はVFI-HR1815B（8×135）が1478KVA、VFI-HR1415A（4×135）が739KVAであり、周波数は0～178Hzである。V／F一定すべり制御からベクトル制御へ進化した。

台車はモノリンク軸箱支持式ボルスタレス台車のSS150A系である。

ブレーキ装置はHRDA-1R。

本来であれば、この20000系の増備で対応できたと思うが、西武グループのイメージ刷新のため、30000系スマイルトレインが登場した。

20000系の特徴はムダの排除にある。まさにシンプル＆クリーンな車両であり、そこにこの車両の真価があるといえよう。

今、モーターの高出力標準化傾向がみられるが極端に編成中の電動車を減じた設計でなければ、そうした標準化はムダをつくる。

一方でJRのE231系など、そのモーター出力を95kwと公表しているが信じ難い。モーターの価格設定上、そうした数字にして帳尻を合わせたのではないだろうか。ランカーブから計算してみると95kWでは4M6T編成は無理である。

西武 30000系

▲車両正面が笑顔のようにやさしい表情をしていることからスマイルトレインとして親しまれている。

女性の意見を採用した内外装

2008 年 4 月より営業をはじめた車両でスマイルトレインの愛称を持つ。

その車両デザインは丸味を強調しているのが特徴で、車幅も 2930 ミリと広く、車内天井高は 2405 ミリと高い。車体は前頭部分をふくめてアルミ合金であり、モノアロイ化をはかる事で、リサイクル性に富む点がこの 30000 系のチャームポイントである。

またオフセット衝突を考慮し妻柱部分を C カットとしている。ユニバーサルデザインの観点から床面高を下げ、レール面上 1135 ミリとした。従来より 15 ミリ低くしているのでホームとの段差が縮まっている。

座席占有幅も 460 ミリと広い。その座席は銀イオンで抗菌コートを施し、座席表地は難燃性を考慮して難燃性生地のポリエステルアラミド混紡生地を用いた。

主回路素子は IGBT トランジスタだが、2 ステップ化をおこなっている。これにより素子数を 3 ステップにくらべて半減することができた。VVVF インバータ装置は VFI-HR 1820A。VFI-HR1420R。主電動機は HS32534-15RB で出力は 165kw である。

台車はモノリンク軸箱支持のボルスタレス台車の SS175 系となった。ブレーキ装置は HRDA-1R。なお駆動装置は WN ドライブではなく、TD カルダンとなり歯車比を 6.21 としている。

従来の直流モーターと比べ交流モーターは単位容積あたりの出力が大きい。このため同出力であれば直流モーターより小型化できる。スペースに余裕ができるので TD 継手が使用できるようになった。中実軸平行カルダンである。これにより惰行時に発生する WN ドライブ固有の騒音がなくなった。

30000 系は近年デビューした車両と異なり、オリジナルなよさがある。

車内も個性的な内装や形状に特徴が感じられる。卵のフォルムをデザインコンセプトに定めて造られた。

西武グループの企業カラーを再構築させるにあたって、その広告塔になっている。

ブルーとグリーンのグラデーションカラーがひときわ印象に残る車両だ。

日立製の車両だがクーラーが三菱製というのが西武の特徴になっている。編成は 10 両、8 両、2 両がある。各編成とも MT 比は 1:1 なので経済的だ。

これは 20000 系についてもいえることである。10 両編成では必然的に編成中に単 M 車が入ることになるが、VVVF インバータ制御では主電動機の直並列制御をおこなわないので、単 M 車と MM 車との区別は VVVF インバータ装置の容量の差ていどと考えてよい。主電動機は同一品である。

西武 4000系

▲101系同様、山岳走行に対応するために抑速ブレーキ付発電ブレーキを備えている。

ノスタルジー派に支持される固定クロスシート

この車両は1988年に登場した2扉セミクロスシート車で、ホワイトベースにライオンズカラーという外装が人目を引いたが、車両自体は101系の走行機器を流用した更新車であり、その運用も平日は飯能～西武秩父間に限られている。このため池袋口にその姿を現すのは休日だけである。

この手の車両として東武6050系が他にあるが関東大手民鉄ではめずらしいタイプの車両といえよう。

運賃のみで利用できるクロスシート車として一部の鉄道ファンに人気がある。

しかし、あくまでもローカル区間用として走行しており、東武6050系とその用途が異なる車両だ。車両自体も101系からの改造であるため高速領域における性能は通勤車両と同じである。この点の事情については10000系NRAも同じだ。

車内はブルー系の座席で清々しくまとめてある。4000系が快速急行として平日にも走りはじめると、10000系NRAの市場を侵す危険があると思われる。それもあって飯能～西武秩父間に張り付けているのだろう。4両編成時はワンマン運行であり、そのための機器を追設した。

耐寒耐雪装備を有している。また扉の半自動化をおこなった。MGのSIV化、CPのHS20K、さらにMBU1600Y-3への交換をおこなった編成もある。

4000系は全車とも東急車輌製だ。

編成は種車の関係からかTcM1M2Tcの4連であるが平日デイタイムでは、ちょっとムダな気がする。種車の101系がM1M2ユニットなのでそれも仕方ない。改造費を抑えることを優先したのだろう。McTcの2連とするには主回路構成を変更する必要がありコストが増えてしまうからだ。

車内接客設備として固定クロスシートは、古典的であり4人グループ客以外には、やや使いづらいのではないか。転換クロスとして設計した方がよかったと思う。東武6050系についてもいえる事だ。

見知らぬ者同士が対面着座するのは、わずらわしい。一部の人たちが固定クロスを好むが、その大半が鉄道ファンの中でもノスタルジー派の人たちであり少数派である。

やはり時代のニーズはプライバシー確保にある。固定クロスに4人が掛けると息苦しい。かえてロングシートの方が快適な場合が少なくない。

この車両、客扉を車端側に設けてオール転換クロスにしていたら座席定員制ホームライナーにも使え、増収が可能だったのではないだろうか。デイタイムは飯能～西武秩父間で使用し、夕刻から池袋～飯能間のホームライナーに充当すれば10000系の運用に余裕が生まれ、小江戸の増発ができる。また拝島線特急の新設が可能になる。

西武 10000系

▲新宿線では「小江戸」として、池袋線・西武秩父線では「むさし」「ちちぶ」として運行されているニューレッドアロー。

小江戸・川越観光に大活躍

座席指定特急ニューレッドアローとして1993年に登場し、新宿線川越特急「小江戸」として営業をはじめた。種車は旧5000系レッドアローおよび101系であり、第12編成（南入曽車両基地所属）のみVVVFインバータ制御車となっている。

早い話、車体を新造して載せ替えたことになる。パープリッシュグレー系のシックな装いは上品だが、案外好き嫌いが二分されるカラーリングのようで、この点など小田急30000形EXEと共通する。

私はNRAもEXEも好きだが、EXEを評価しない人はNRAを評価しない。

カラーリングを客観的に判断することなど不可能なので仕方がないことだ。

初代レッドアロー5000系にくらべると全体的に大人しくまとめている。とくに前面デザインの変化が目立つ。

4M3Tの7両編成を組むが総定員数は5000系6両編成と大差ないので、その分ゆとりが生まれた。

車内設備、内装ともにオーソドックスな感じであり、くせがない。実用的な特急車両である。この10000系も特急車両とは言っても、その走りは一般車両と同じである。

第12編成は20000系、9000系に準じた性能であり、小江戸に専ら充当されている。抑速発電ブレーキではないので秩父運用から除外している。

台車は第12編成をふくめてFS372系であるが、第1～第11編成で使用する台車は軸箱守をすり板から緩衝ゴムへ換えておりFS542を名乗るが、新造台車ではなくFS372系からの改造台車である。

ブレーキ装置は第12編成がHRDA-1Rだが他はHSC-Dのまま使用している。

このFS372、FS072は乗り心地がよい台車であり、空気バネの補助空気ダメの容量が大きく、空気タンクを床下に吊っている。機構的にはアルストームでもミンデンでもなくペデスタル台車である。

軸距2200ミリ、機械ブレーキ装置はクラスプ式となっている。801系のクハ1801形で使用したFS067を、ダイレクトマウント式へ改良した台車だ。

10000系はこの台車に支えられて柔らかな走りである。

なお第5編成は「レッドアロークラシック」とよばれ、初代レッドアロー色に塗装された。5000系レッドアローの前面窓下のステンレスはエッチング加工していたが、当初はコルゲート加工するつもりでいた。

だがパテントの関係でコルゲート加工ができなかったのである。

それでエッチング加工している。レッドアロークラシックに当時の面影を感じ、なつかしい。

思い出の車両 701系

▲1979年頃の701系(写真:RGG森嶋孝司)

「お宝」と「ガラクタ」から生まれた民鉄初の10両編成

西武鉄道は特に通勤通学輸送面で高度経済成長期に大量輸送を実施し、戦後の成長を下支えした大手民鉄である。

701系が第一線で活躍した時期は、まさに戦後の急成長期であった。この701系に乗り通勤していた人たちは、今リタイアして第2の人生を歩んでいるのではないだろうか。701系は1963年に登場し、それは前回の東京オリンピックが開催される1年前にあたる。

この年に西武鉄道では民鉄初の10両編成運行を池袋線ではじめた。

701系は601系に次ぐカルダン駆動車であり、601系、801系をふくめて広義の701系とする考え方があるが、事実この3形式のモハは細部の違いはあるものの、ほぼ同一である。両数が圧倒的に多いので701系が代表している。

20メートル車体、3扉両開き扉は西武鉄道ならではのスタイルであり、ディープラズベリーとウォームグレイに化粧された車両たちである。1966年までに701系(クハ1701形、モハ701形)は所沢車両工場で合計192両が造られた。

クハの台車はTR11Aという中古品であり、電動発電機は直流出力のDM43。電動空気圧縮機はAK3。これのどこが新車かと思う内容である。

モハの主制御器はMMC-HT-20A。主電動機は120kwのHS836Frbであり、M台車のFS342は国鉄DT21と同型である。TcM1M2Tc組成で編成中にパンタ1基、主制御器1台というローコスト車両。

同世代の東武8000系とくらべると、その差は歴然である。DC-MGのため車内灯はFL20Wと暗い。

はっきり言って「運んでもらえば、ありがたい」というレベルだった。

国鉄101系の民鉄版と言いたいところだが言えない。なにしろクハの台車がTR11Aであるばかりではなく、ブレーキ装置もAMAEときている。客扉はペーパーハミカムドアで軽く、カタカタと音をたてる。

という具合に701系に見るべき技術はものの見事に皆無であった。

ただ味があった車両である。下まわりさえ見なければ西武鉄道の車両はスマートだ。

551系、501系然りである。

701系は後年になり、冷房化、ブレーキ装置のHSC化、クハの台車交換をおこないレモンイエローに化粧直しをしている。

一定のレベルになったが最後まで電制はなかった。この701系は、ある時期における西武鉄道を象徴した車両だといえよう。

西武鉄道は国鉄から大量に中古品の払い下げを受け、所沢車両工場で保管していたが、その「山」を目にして、よくぞここまで集めたものだと半ばあきれてしまったことがある。

中にはどこから入手したのか米国ウェスティングハウス社製の電動空気圧縮機、DH25型があり、国鉄AK3型を多用した西武鉄道において、それは「異邦人」である。

果たせるかな、そのDH25型CPは京王帝都電鉄(当時)へ売却された。この手の中古品ブローカーもおこなっていたのである。

所沢車両工場は「お宝」「ガラクタ」ともに集積し、それらを使って電車を造っていた。本当か嘘かはわからないが、堤康次郎が言うには、あえて素人集団を集めて電車づくりをしたそうだ。素人を育てることが彼の基本だったらしいが、果たして素人に電車が造れるのか疑問である。701系、411系あたりが堤康次郎時代に造られた最後の形式になる。

他社が50kgレール化を進めていた頃、西武鉄道では37kgレール化を進めていたのだった。徹底して投資を抑えていたが、そうした中で鉄道部門の役員たちの苦労がしのばれる。

所沢車両工場の手持ち機器が底をついたのか、1967年に造られた801系から中古台車が消えた。

701系が主力だった頃が、西武沿線文化の黄金期だったと思う。西友ストア(当時)も活気に満ちていた時代である。

堤清二が「市民産業論」を言い出した頃だ。何か世の中が確たる根拠もなく、新しさを追い求めていた。

それから約半世紀が過ぎた現在、一億総中産階級という幻影が剥げ落ち、格差社会が出現することなど夢にも思わなかった。そんな時代を夢に向かって走り続けたのが701系であった。

そして今、西武グループも創業の原点にもどって企業の再構築をはじめている。

西武彩景

field mustard

菜の花

武蔵関～東伏見

特急レッドアロー誕生への道のり

スイスの山岳鉄道がモデル

西武鉄道の特急レッドアローが走りはじめたのは、1969年10月の西武秩父線開業の時であり、5000系として登場した。登場時の5000系は4両編成で、座席は回転クロスシートで、リクライニング機能はなかった。

座席カラーは1両ごとに異なり、グリーン、ブルー、ワインレッド、ゴールデンブラウンの4色。内壁はパンジーの抽象模様をデコラに描き、デッキとの仕切り扉はレースを埋め込んだ透明な自動扉としていた。

第1編成が日立製作所笠戸工場から国分寺経由で小手指検車区（当時）に到着したのは9月22日と記録されている。

この5000系を計画した時のことだが、社内では賛否両論があった。

西武秩父線開業の宣伝になるという賛成派、座席指定特急を走らせても需要が見込めるのかという反対派に分かれた。

そこで生まれた案として、新形特急車両はその車体だけを特急用に新造し、走行装置一式は101系と同じとする案である。

もしも特急が営業上成り立たない時は、車体だけ捨てればよいからだ。

それで5000系は101系と同じ性能でデビューすることになった。

西武鉄道の特急用車両は、小田急や東武と異なり特急用としての特別な性能を有さない。いまの10000系NRAも5000系、101系からの更新車両なのであり、その第12編成はVVVFインバータ車だが、その走行性能は20000系、9000系と同じである。

5000系は多客時に重連で使用していたが、8両編成では座席供給過多になりやすいので、中間電動車2両を4両編成に組み入れて6両編成に改めた。

失敗すれば捨てられる運命だった5000系の車体は、後に富山地方鉄道へ買い取られJRの下まわりを付けて活躍している。

西武の特急は秩父への観光輸送を企図して生まれたが、むしろ池袋～飯能、西武新宿～本川越間での需要が多い。

西武鉄道初の座席指定特急レッドアローのモデルはスイスの山岳鉄道だそうだ。

あの赤いストライプがそれを象徴していた。余談になるが堤清二がレッドアローの名づけ親かもしれないと思った人がおり、モスクワ～レニングラード（現・サンクトペテルブルク）間の特急から、そのヒントを得たのではないかと早合点したそうだ。確かに堤清二はソビエト（当時）へ行った折に、その特急に乗っている。特急の名はクラースナヤ・ストレラー。英訳するとレッドアロー。

しかし、これは某人物の想像にすぎずレッドアローは、スイス連邦鉄道の車両、ローター・ブファイルにヒントを得ている。

▲西武秩父線の開業にあわせて登場した5000系。

軽井沢裏ばなし

▶現在の軽井沢プリンスのスキー場。

プリンスホテル発祥の地、軽井沢

東京から北陸新幹線に乗り軽井沢に到着すると、車窓の左手に軽井沢プリンスホテルの広大な敷地を目にすることができる。

ホテルのほかにもショッピングモールそして軽井沢72ゴルフコースなど、この一帯に西武系の施設が多い。

軽井沢は西武グループ発祥の地であり、西武グループを代表するリゾートといえよう。

実際に堤康次郎がはじめて着手した軽井沢開発の拠点は、現在の軽井沢プリンスホテルが建っている一帯ではなく中軽井沢であり千ケ滝の地である。

今の軽井沢プリンスホテルがある周辺の土地は、後年になって開発した場所であり、その土地の多くは東武鉄道の根津嘉一郎から買収して開発した場所だ。

ところで軽井沢にプリンスホテルの1号店があったことをご存知だろうか。

現在の軽井沢プリンスホテルのことではない。現在地には、軽井沢プリンスホテルイースト、軽井沢プリンスホテルウエスト、軽井沢浅間プリンスホテル、ザ・プリンス軽井沢、軽井沢プリンスコテージなどが建ち並んでおり、グレード別、用途別に多彩な選択枠が用意されている。

堤が軽井沢に洋式ホテルを最初に開業したのが1923年12月にオープンしたグリーンホテルだが、プリンスホテルのルーツではない。このホテルで病後の療養をしたことがあると堤清二が言ったことを覚えている。今はもう廃業されたホテルだ。千ケ滝・緑ケ丘の中腹にあった木造建築である。

1917年に堤が入手した約80万坪の中に建つホテルだった。このホテルの南側にあたる土地にあったのがプリンスホテルの1号店にあたる千ケ滝プリンスホテル、開業時の軽井沢プリンスホテルである。

このホテルの西側に広がる西武の別荘分譲地は甲州財閥系鉄道資本家の雨宮《あめのみや》敬次郎が開発したところで、カラマツの林で覆われていたそうだ。堤康次郎が軽井沢で別荘分譲を本格的にはじめたのは、この雨宮所有の土地を手に入れてからである。

その雨宮家では千ケ滝に別荘を所有していたが、1922年に雨宮家から朝香宮家へ寄贈された。

この別荘を1947年8月14日に入手したのが堤康次郎（国土計画興業）である。この別荘の土地面積を記すと、宅地部分が2323.6平方メートル。山林部分が3万743.0平方メートルとかなり広い。

実際に、この別荘売却ばなしを堤のところに持ってきたのは朝香宮家へ宮内庁から送り込まれ実務処理を担当していた中田虎一である。中田は一連の売却交渉、これは東京・白金台の朝香邸をふくめた話だが、堤との取引きを成功させた後に、1950年11月から西武鉄道へ監査役として迎えられ、1982年まで、その職にあった。

なお宮家には別当という地位を有する人がいるのだが実務はおこなわない名目上の存在であり、勅任事務官が実務をおこなう。

中田虎一がそれである。

皇籍離脱により朝香家の財産が課税されて苦しく、本邸、別荘ともども手放した。

この旧朝香宮家別荘をホテルへ転用したものが軽井沢プリンスホテル、後の千ケ滝プリンスホテルである。ホテルといっても部屋数は少なく数室ほどだと記憶している。

1949年夏に皇太子明仁がこのホテルに滞在しており、家庭教師のエリザベス・G・ヴァイニングの教育を受けた。彼女の宿舎は確か三井家の別荘だったと思う。以来、千ケ滝プリンスホテルは皇族用に使用されていた。

1947年からの一時期、堤家でプライベート使用したこともある。

現在、軽井沢プリンスホテルが建つ場所は矢ケ崎山とよばれており、その南側に広がる地蔵ケ原をふくめて開発がおこなわれ、1972年に72ホールの軽井沢72ゴルフを造り、そのコース設計をロバート・ジョーンズに依頼した。

この軽井沢に御用邸構想が持ち上がったのはそう古い話ではない。

もともと皇族の来訪が昔から多く、前記した朝香宮のほか、竹田宮が旧軽井沢に、伏見の宮が雲場に、北白川宮が古宿に別荘を持っていた。

余談だが正田美智子（現在の皇后）の実家である正田家の別荘は晴山ゴルフ場の近くである。

御用邸候補地にあげられたのは、千ケ滝、小瀬温泉と太陽の森であった。最有力候補だったのが小瀬温泉であり、軽井沢会館に近い森である。宮内庁が調査に来た。

また鶴溜地区にある1万5000坪の土地と千ケ滝プリンスホテルの土地、1万2000坪を交換して千ケ滝プリンスホテルの土地を町有地にして、そこに御用邸をつくるという案も西武に持ち込まれたことがあった。

しかし西武では千ケ滝プリンスホテルとの交換は鶴溜ではなく、神奈川県葉山にある葉山御用邸との交換を宮内庁へ打診していたと聞く。

結局、軽井沢御用邸構想は実現していないが、千ケ滝プリンスホテルの土地が最適だと思う。

軽井沢はプリンスホテル発祥の地であり、その1号店の千ケ滝プリンスホテルは実際にPRINCE・AKIHITOの定宿だったのである。

写真／信州・長野観光協会提供

西武鉄道の概歴

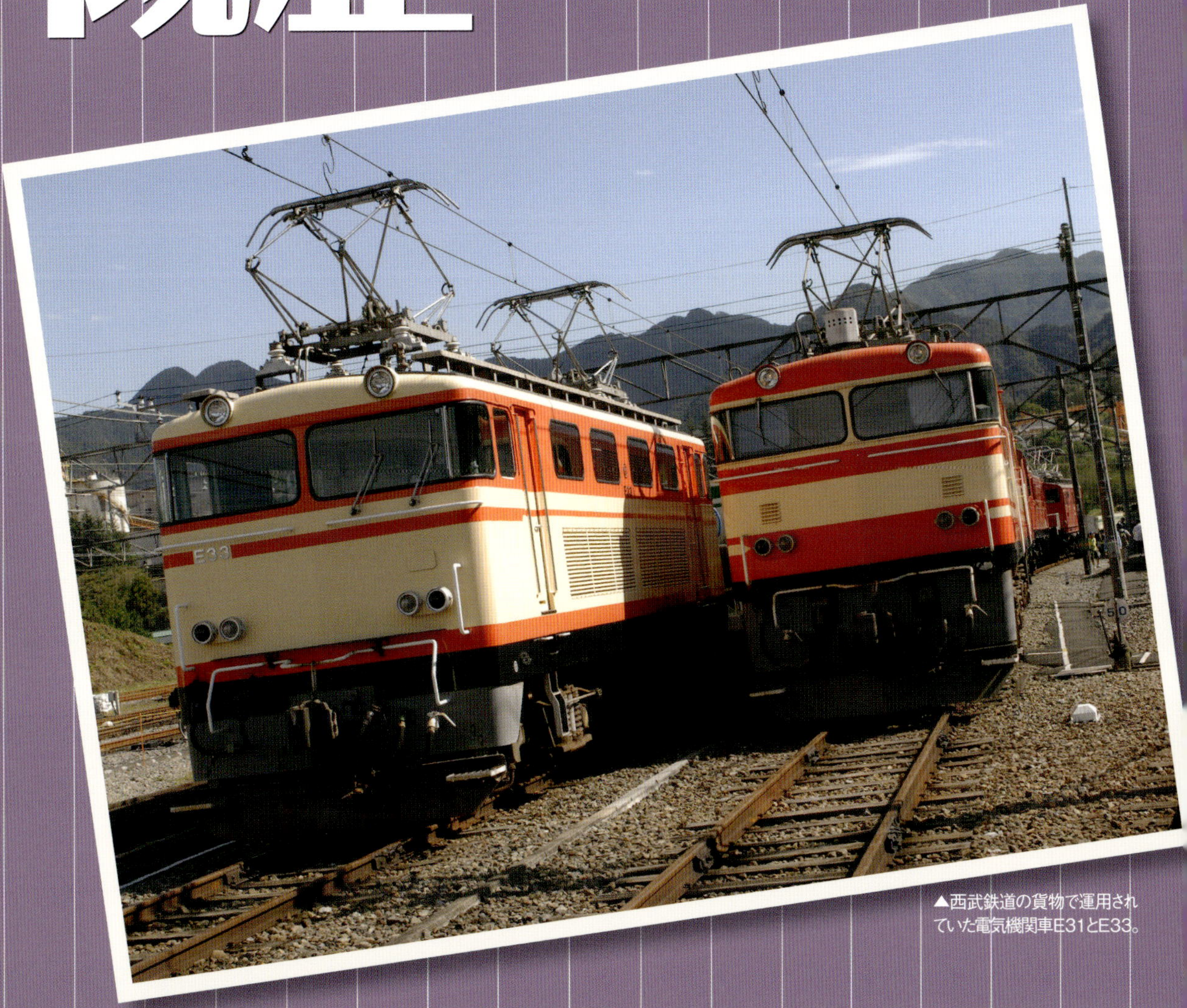

▲西武鉄道の貨物で運用されていた電気機関車E31とE33。

▲西武鉄道は西武グループの1つだったが信用担保としては重要な存在であった。

合併を繰り返し誕生した西武鉄道

西武鉄道の歴史を語るうえで、まず最初に記さなければならないことがある。

それは西武グループの歴史と西武鉄道のそれが必ずしも一致しないからだ。ここに西武固有の事情をみることができる。

西武グループの始祖は1917年に設立された沓掛遊園地であり、1920年設立の箱根土地ということになる。一方の西武鉄道の始祖は1912年設立の武蔵野鉄道に求めなくてはならないからだ。さらに被合併会社である旧西武鉄道の起源は1892年設立の川越鉄道にまで遡る。

この川越鉄道が1920年に武蔵水電に合併され、さらに同社は1922年に帝国電灯に合併されることになる。この時に帝国電灯が鉄軌道事業を分離し、1922年8月15日に旧西武鉄道を設立した。

この旧西武鉄道を1945年9月22日に合併したのが武蔵野鉄道であり、商号を西武農業鉄道とした。

これは旧西武鉄道系の食料増産を同時に合併したため、あえて農業の2文

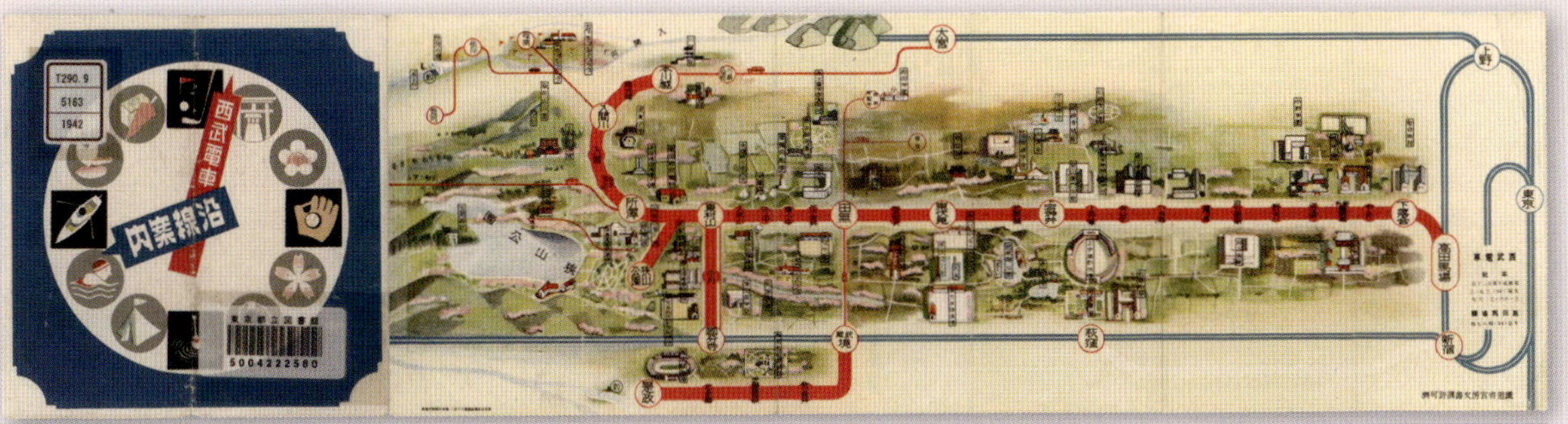

西武鉄道沿線案内図

▲1942年発行の旧西武鉄道の沿線案内図。西武新宿線の元となる路線だ（東京都立図書館蔵）。

山口貯水池

◀狭山湖の愛称で親しまれおり、人口増加による水源確保のため1914年に完成された人造湖。

字を加えた。

当時、食料生産法人を合併することに対して監督官庁は反対だったらしい。翌年11月15日に農業の2文字を取り、西武鉄道へ改称した経緯から推測すると、農業を商号に用いた理由は、ひとつの方便だったのではないだろうか。

武蔵野鉄道が堤資本である箱根土地に傘下入りしたのは1932年以降である。武蔵野鉄道の建設を主唱したのは飯能出身の阪本喜一だが、直ちに資本を調達して鉄道開業に漕ぎつけるには地元の資力は軟弱である。そこで登場したのが横浜財界に属する鉄道資本家の平沼専蔵であり、武蔵野鉄道発起人の筆頭になった。平沼は甲信鉄道創立にも加わっており、常盤鉄道、青梅鉄道の発起に関与し、さらに関西鉄道、京都鉄道の監査役でもあった。

石灰石鉱山の開発に参入

1915年4月15日に池袋～飯能（43・7キロ）を開業した武蔵野鉄道は一片のローカル鉄道にすぎない存在であったが、関東大震災以降に顕著となった東京西郊における都市化と歩を合わせて実施した電化と頻発運行で乗客数が増加する。

これに気を良くしてか同社は、さらなる乗客獲得を画策し、練馬～豊島、西所沢～村山に支線を開設した。とくに西所沢～村山間に設けた支線は一種の観光路線でもあり、終点付近にある東京市水道貯水池（村山・山口貯水池）を観光資源としている。

この頃になると横浜財界の力は後退しており、資本金600万円（未払込金210万8000円）に達しており、12万株の株式は957名が保有。うち3000株以上を保有する6名の中から社長に石川幾太郎が、専務に小林三郎が選出された。彼らは飯能在住の素封家であり、秩父セメントの成功をみて、自らも1925年に東京セメントを設立し、石灰石鉱山の開発に乗り出した。その搬出を目的として飯能～吾野間に鉄道を延伸させ安定した大口貨物輸送を目論んだ。しかし武蔵野鉄道の内情は前記した支線の建設、電化工事、複線化工事などへの投資が自社の経営体力を超えており、有利子負債の増大を繰越決算で粉飾しながら高配当を維持していたのである。

東京セメントは約10万トン規模の石灰石輸送を武蔵野鉄道にもたらしたとはいえ、その東京セメントは資本金300万円とは表向きの数字にすぎず実

西武秩父線沿線の石灰鉱山

良質の石灰石を産する山として知られる武甲山の東側を通る西武秩父線沿線は、産出された石灰石や製造されたセメントなどを搬出するために貨物輸送がおこなわれていた。現在も生産はおこなわれているが、トラック輸送に切り替わっている。

▲吾野駅付近にある西武建材の吾野鉱山。当時武蔵野鉄道の大株主だった「浅野セメント」の要求により飯能から延伸、搬入用の引き込み線が引かれた。1996年に廃止されたが、鉄道輸送に使われたポッパービンがトラック輸送でも使われている。(2007年／国土地理院提供)

◀横瀬駅付近には武甲山裾野の部分に採掘権を持っている三菱マテリアルの工場がある。横瀬駅からは引き込み線が引かれていたが1996年に廃止、線路が撤去されている。(2007年／国土地理院提供)

際に払い込まれた額は75万円である。資金的に貧弱すぎた。

しかも、さらに悪い事にその頃のセメント業界は今でいう構造不況産業へ転落しており各社がカルテルを結んで生産調整をしていた。これは関東大震災後の復興需要を過大視しすぎた失敗に起因したものといえよう。

東京セメントでは吾野の石灰石を飯能に建設予定の工場へ運んでセメント生産をする計画だったが、前記のとおりカルテルの障壁に阻まれ断念している。結局のところ同社は石灰石採掘業にとどまり、その石灰石の大口ユーザーが浅野セメントであった。

武蔵野鉄道の経営は好転するどころか吾野延長に要した費用325万円が重圧となり、石川幾太郎等の地方素封家は引責辞任した。

この時に経営権を握ったのが浅野財閥だが、武蔵野鉄道を有利な条件で石灰石の輸送路として使うことにしか興味がなく、経営再建を本腰を入れておこなう意思はなかったようだ。かくして1934年に武蔵野鉄道は経営破綻し、鉄道抵当法に基づく強制執行を受けるに至る。

▶2015年に武蔵野鉄道開業100周年を迎え、西武鉄道や沿線自治体を挙げてイベントが行われた。

◀椎名町駅前、長崎神社境内に「長崎神社前停車場開設記念碑」がある。1915年に建てられたもので、椎名町駅開設のいきさつが記されている。

鉄道あっての西武グループ

この時、武蔵野鉄道の大株主として表舞台に出たのが箱根土地の経営者・堤康次郎である。武蔵野鉄道は償還不能な社債や有利子負債を抱えて経営破綻しており、有力債権者である根津嘉一郎（初代）の富国徴兵保険（後の富国生命）が償還不能を理由に武蔵野鉄道を競売に付すると迫った。根津は受託銀行である安田信託銀行が示した負債整理案に反対であった。

堤康次郎が示した再建案は債権の7割5分を免除し、資本金を72万円にいったん減資後、新規優先株188万円に振替え、最終的に資本金を260万円とするものであり、この案が採用され債権者と和議が成立した。

根津嘉一郎は旧西武鉄道の大株主でもあったが、これを堤康次郎に譲渡したことで堤は武蔵野鉄道のほか旧西武鉄道の経営権を手に入れた。これによって両社は堤の箱根土地（国土計画興業→国土計画→コクド）傘下の鉄道事業者となり、両社合併し武蔵野鉄道を存続会社として、その商号を西武鉄道とし今日に至る。

西武鉄道は不動産資本である箱根土地が再建した鉄道事業者であることがわかる。

冒頭で記したように西武グループの歴史と西武鉄道のそれとは分けて考えた方が理解しやすいとは、このためである。

西武鉄道は西武グループの歴史の中に登場したにすぎない存在だが、西武グループの信用担保として果たした役割はきわめて大きい。西武鉄道は堤に救済されたが、その堤の本丸であったコクド（箱根土地）の経営上での信用は西武鉄道に支えられていたのである。ゆえにあえて西武鉄道を東証1部へ上場していたのだろう。コクドにしろ、プリンスホテルにしろ西武鉄道の存在あっての企業である。それなくして事業展開は思うようにできなかったことは確かであり、大手民鉄の支配株主であったことで「神通力」が備わったのである。

西武鉄道のあゆみ

1894(明治27)	12.21	川越鉄道(現・新宿線、国分寺線)の国分寺〜久米川仮駅(現・東村山)間が開業
1895(明治28)	3.21	川越鉄道の久米川仮駅〜川越(現・本川越)間が延伸開業
1912(明治45)	5.7	武蔵野鉄道(現・西武鉄道)が会社設立
1915(大正4)	4.15	武蔵野鉄道が池袋〜飯能間で営業開始
1922(大正11)	8.15	川越鉄道の後継会社・武蔵鉄道が設立、11月16日に西武鉄道と改称(旧西武鉄道)
1927(昭和2)	4.16	旧西武鉄道の東村山〜高田馬場(仮駅)間が開業
	10.15	武蔵野鉄道豊島線練馬〜豊島(現・豊島園)間が開業
1929(昭和4)	5.1	武蔵野鉄道山口線(現・狭山線)西所沢〜村山公園(現・西武球場前)間が開業
	9.10	武蔵野鉄道飯能〜吾野間が開業
1940(昭和15)	3.12	武蔵野鉄道が多摩湖鉄道(現・多摩湖線)を合併
1945(昭和20)	9.22	武蔵野鉄道が旧西武鉄道と食料増産を合併し、西武農業鉄道と社名変更
1946(昭和21)	11.15	社名を西武鉄道に改称
1950(昭和25)	5.15	上水線(現・拝島線)小川〜玉川上水間が開業
	5.23	東村山〜村山貯水池間に野口信号所を新設、野口信号所〜西武園間(現・西武園線)が開業
	8.1	おとぎ電車の多摩湖ホテル前〜上堰堤間が開業
1951(昭和26)	9.16	おとぎ電車上堰堤〜ユネスコ村間が開業
1952(昭和27)	3.25	新宿線高田馬場〜西武新宿間が開業
	7.15	おとぎ電車を地方鉄道に変更、線名を山口線に
1962(昭和37)	9.1	拝島線萩山〜小川間が開業
1963(昭和38)	11.1	池袋〜所沢間の急行で私鉄初の10両運転を開始
1968(昭和43)	5.15	拝島線玉川上水〜拝島間が開業
1969(昭和44)	10.14	西武秩父線が開業、特急レッドアロー号が登場。ATS(自動列車停止装置)の使用開始(多摩川線などを除く)、仏子〜西武秩父間でCTC(列車集中制御装置)の使用開始
1975(昭和50)	6.2	西武新宿〜本川越間で急行10両運転を開始
1977(昭和52)	3.3	西武新宿駅新装、西武新宿ビルがオープン
1983(昭和58)	10.1	西武有楽町線新桜台〜小竹向原間が開業
1985(昭和60)	4.25	山口線新交通システム(西武遊園地〜西武球場前間)が開業
1986(昭和61)	8.5	本社ビルを所沢に移転
1989(平成元)	4.1	秩父鉄道への直通運転を開始
1991(平成3)	3.16	特急券のオンライン自動発行を開始
	12.12	都営12号線(現・大江戸線)との連絡運輸を開始
1993(平成5)	12.6	新宿線に10000系特急ニューレッドアローが登場
1994(平成6)	12.7	西武有楽町線練馬〜新桜台間が開業
1998(平成10)	3.26	池袋線と営団(現・東京地下鉄)有楽町線有楽町新線(のち副都心線)が相互直通運転を開始
2004(平成16)	12.17	東京証券取引所で西武鉄道株式の上場廃止
2006(平成18)	3.27	持ち株会社方式によるグループ再編完了
2008(平成20)	6.14	池袋線と東京地下鉄副都心線が相互直通運転を開始
2009(平成21)	4.6	小手指駅、西武球場前駅、航空公園駅で壁面緑化を実施
2013(平成25)	3.16	東京地下鉄副都心線を経由し東急東横線、横浜高速鉄道みなとみらい線と相互直通運転を開始
2014(平成26)	4.23	西武ホールディングスとして東京証券取引所へ上場
2015(平成27)	3.14	台湾鉄路管理局との包括的事業連携に関する友好協定を締結

会社沿革図

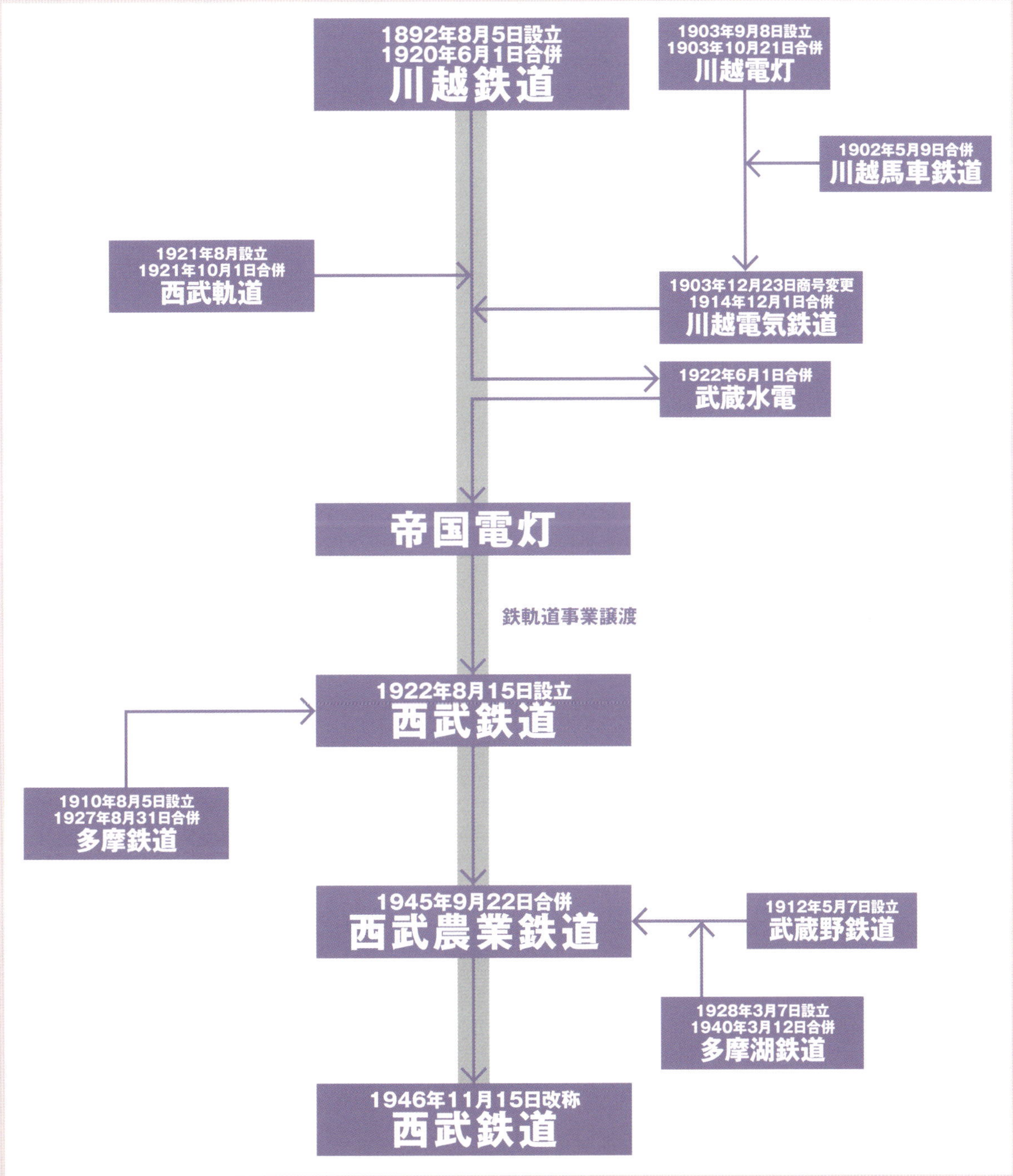

▲東京メトロ副都心線開業以来、東急電鉄など他社の車両が乗り入れる。

▲西武秩父線はハイカーでにぎわう。

▲商店街や住宅との距離感がほとんどない椎名町駅前。

広岡友紀（ひろおか　ゆき）

鉄道・航空評論家。全国の鉄道関係の著書多数。財界・ホテル問題などにも詳しい。主な著書に『THE 京王電鉄』『THE 京急電鉄』『THE 小田急電鉄』『THE 東急電鉄』『リゾート開発と鉄道財閥秘史』（以上、彩流社）、『西武鉄道』『京王電鉄』『小田急電鉄』ほか日本の私鉄シリーズ（以上、毎日新聞社）、『大手私鉄比較探見　東日本編─首都圏10社の車両・ダイヤ・ターミナル…』同西日本編、『西武鉄道まるごと探見』『相模鉄道　相鉄の過去・現在・未来』（以上、JTBパブリッシング）、『「西武」堤一族支配の崩壊』（さくら舎）ほか。

THE《ザ》 西武鉄道《せいぶてつどう》

発行日……………2016年1月29日　第1刷　※定価はカバーに表示してあります
著者………………広岡友紀
発行者……………竹内淳夫
発行所……………株式会社彩流社
〒102-0071　東京都千代田区富士見2-2-2
TEL.03-3234-5931 FAX.03-3234-5932
http://www.sairyusha.co.jp/

編集協力…………株式会社天夢人 Temjin
写真協力…………加藤有子、西森 聡、河野孝司、井上廣和、北村 光
東京都立中央図書館、信州・長野県観光協会、RGG
地図………………ジェイ・マップ
デザイン・DTP……チックス.
印刷………………モリモト印刷株式会社
製本………………株式会社難波製本

Printed in Japan　ISBN978-4-7791-2369-6 C0026
定価はカバーに表示してあります。乱丁・落丁本はお取り替えいたします。